W0206832

LE BONHEUR EST CACHÉ DANS UN COIN DE VOTRE CERVEAU

© **Éditions First, un département d'Édi8, Paris, 2020.**

Le Code de la propriété intellectuelle interdit les copies
ou reproductions destinées à une utilisation collective.
Toute représentation ou reproduction intégrale ou partielle faite
par quelque procédé que ce soit, sans le consentement de l'auteur
ou de ses ayants cause est illicite et constitue une contrefaçon
sanctionnée par les articles L. 335-2
et suivants du Code de la propriété intellectuelle.

ISBN : 978-2-412-06023-0
Dépôt légal : septembre 2020
Imprimé en Espagne

Correction : Emmanuelle Fernandez et Muriel Villebrun
Maquette intérieure et couverture : Claire Morel Fatio
Image de couverture : @shutterstock
Crédit photo : Laura Gilli

Éditions First, un département d'Édi8
92, avenue de France
75013 Paris – France
Tél : 01-44-16-09-00
Fax : 01-44-16-09-01
E-mail : firstinfo@efirst.com
Internet : www.editionsfirst.fr

FABIEN OLICARD

LE BONHEUR EST CACHÉ DANS UN COIN DE VOTRE CERVEAU

F1RST
ÉDITIONS

SOMMAIRE

AVANT-PROPOS

POURQUOI J'AI ÉCRIT CE LIVRE

Pour écrire ce livre, ma plus grande difficulté a été de trouver le titre. Difficile de se limiter à une phrase tant les sujets de l'échec, du succès, du bonheur, du zéro mental, de la neutralité, de la réussite et de la souplesse mentale ricochent les uns sur les autres sans ordre prédéfini.

Pour autant, cet ouvrage est vraiment fait pour tous ceux qui l'ouvrent.

Afin que vous compreniez pourquoi vous arriverez à être libre et heureux, voici une comparaison : tout le monde sait marcher. Cela est vrai car on apprend ou on comprend comment avoir les bons réflexes pour rester debout et avancer parce que le corps humain, sa composition et ses membres sont tous déjà conçus pour rendre cet objectif possible. Pour le bonheur, c'est la même chose, tout est déjà en place dans votre cerveau pour que vous le viviez pleinement ; il ne vous manque que quelques réflexes que vous trouverez ici.

S'il y a bien un sujet que j'ai étudié tout au long de ma vie en regardant ce qui se passe dans notre cerveau, c'est celui des souplesses mentale et émotionnelle, les deux sources du bonheur. Nous vivons dans une réalité beaucoup moins figée qu'il n'y paraît. Nos sens transmettent des informations que notre cerveau trie à sa guise, selon nos schémas internes. Il organise nos ressentis et nos souvenirs selon des angles qui ne sont pas la vérité, mais SA vérité. Le cerveau a du mal à être factuel… Et ce livre va littéralement télécharger assez de nouvelles données dans le vôtre pour que vous ne cherchiez plus à être heureux mais pour que vous le soyez… tout simplement.

Quand j'ai voulu commencer à écrire sur ce sujet, j'avais en tête une question personnelle : il y a 20 ans, j'ai vécu plus de 6 mois en toile de tente dans un camping de l'île de Ré. Cette année, j'ai joué mon spectacle au Zénith de Paris devant une salle complète. À quel moment ai-je été le plus heureux ? Le plus serein ? À quel moment ai-je eu l'impression de m'accomplir ? Aux deux ! Car le bonheur ne dépend pas directement de ce que l'on vit et ce livre va vous montrer pourquoi et comment le ressentir, pourquoi l'échec est un mensonge, pourquoi les objectifs sont des prisons. Pourquoi vous êtes déjà libre et heureux.
Il me tarde d'avoir vos retours après votre lecture, de savoir comment vous vous sentez et quels déclics vous aurez ressentis dans votre esprit. Nous avons tous les mêmes 68 à 100 milliards de neurones et ce qui a marché pour moi, et pour les milliers de personnes à qui j'ai pu transmettre une partie de cette philosophie, marchera pour vous.

Enfin, si vous avez lu mes précédents livres, vous comprenez peut-être qu'ils sont tous intimement liés, complémentaires… Tous ces ouvrages sur le temps, le bonheur, le rapport à l'échec et le cerveau sont des méthodes qui s'emboîtent les unes dans les autres, sans ordre particulier, pour composer une philosophie globale, comme les pièces d'un immense puzzle.

Une dernière chose : en prenant ce livre, vous pressentiez qu'il y avait une lumière dans la matrice, une logique à comprendre… Bravo ! Vous avez fait le premier pas pour devenir qui vous êtes vraiment et être heureux sur tous les plans… Je suis déjà fier de vous.

CELUI QUI AVAIT PEUR D'ÉCHOUER

Avant d'entamer ce livre, je vais vous décrire une personne étonnante. Elle n'est pas issue d'un conte et existe réellement.

C'est un petit garçon né avec un esprit un peu différent, se traduisant par des tocs révélateurs. Il aime relire le même livre ou la même collection de livres inlassablement, il peut absorber une quantité impressionnante de magazines et d'ouvrages sur un sujet qu'il a décidé de maîtriser, il range ses crayons par couleur... et par ordre de grandeur !

Ne croyez pas qu'il soit ennuyeux, il est juste plus à l'aise dans son ordre et dans ce qu'il connaît. Dès l'enfance, il a mis en place des rituels : manger séparément tout ce qu'il y avait dans son assiette, réciter des phrases qu'il aimait avant de s'endormir, utiliser tel ou tel crayon selon la matière qu'il travaillait à l'école... Ce trait de caractère relativement invisible a pris de plus en plus de place en grandissant, au collège, au lycée, puis à l'âge adulte.

Déjà, enfant, le changement le dérange. « Pourquoi vouloir changer quelque chose tout le temps ? se disait-il. Pourquoi faut-il apprendre de nouvelles règles ? De nouvelles manières de procéder ? Pourquoi aller constamment dans de nouveaux endroits ? »

Il y a bien un lieu où il peut faire des expériences improbables : son esprit. Un immense terrain de jeu lui permettant d'imaginer les scénarios les plus complexes. Une machine où toutes les options possibles peuvent être simulées. Pas pour se raconter des histoires mais plutôt pour faire des tests et voir ce qu'il se passera.

C'est comme ça qu'il a toujours pris ses décisions. En essayant d'anticiper toutes les données du monde qui l'entoure, pour faire le meilleur choix.

Comme c'est un garçon gentil, la bonne décision est souvent celle qui ne blesse personne. Mieux ! C'est celle qui convient à tout le monde. Comme c'est un garçon qui a besoin d'être aimé, la bonne décision est aussi celle qui correspond à ce qu'il imagine que l'on attend de lui. Mais c'est un garçon anxieux, il vit très mal les imprévus et tout ce qui ne se passe pas comme il l'avait espéré.

Dès que le chemin qu'il a imaginé mentalement prend une tournure différente, une apocalypse se déclenche dans son cerveau. Une tornade de sentiments aboutissant à une très mauvaise estime de lui-même. Avec cette terrible conclusion : « Je ne mérite pas d'être aimé. Je rate tout ce que je fais. Je ne suis jamais compris. Je déçois tout le monde. Je ne réussirai jamais. Je ne serai jamais vraiment heureux. »

Ces douleurs s'accumulent au point que, encore jeune, il profite d'un moment seul chez lui pour tenter de mettre fin à ce supplice. De mettre fin à ses jours. Heureusement, ses parents n'étaient partis que peu de temps et ont pu l'aider à retrouver la raison.

Et ce petit garçon… C'est moi.

Si j'avais dû écrire ces lignes à la première personne… je crois que je les aurais effacées ensuite. Ceci est mon histoire. J'ai longtemps hésité à dévoiler cette partie de ma vie mais je crois qu'il est essentiel que vous sachiez d'où je viens pour comprendre que la suite de ce livre n'est pas faite que *de concepts qui font de l'effet sur le papier.*

Je partage l'expérience de ma vie depuis le jour où j'ai décidé d'être heureux et que tout irait bien. Il m'a fallu une vie pour affiner cette philosophie mais elle a tellement fonctionné que j'arrive à la transmettre aux autres depuis des années, le plus souvent par bribes.

Pour être complètement transparent et pour que vous puissiez comprendre l'urgence de ma démarche bien avant l'âge adulte, je vais vous avouer quelque chose dont je n'ai jamais parlé publiquement et que peu de personnes de mon entourage savent : je suis THPI (très haut potentiel intellectuel), ou encore très précoce, ou surdoué, ou d'autres termes dont aucun ne peut donner le sourire à la personne qui est concernée, au contraire.

La psychologue Jeanne Siaud-Facchin a, au début des années 2000, proposé un terme sans connotation pour englober tout le spectre des nuances allant de précoce à surefficient intellectuel : « les zèbres ». Un mot doux, imagé, qui ne véhicule aucun a priori. C'est le terme que je préfère utiliser depuis.

Dans les années 1980, la doctoresse en psychologie Maureen Neihart et le président de la National Association for Gifted Children (Association Nationale des Enfants Doués) George Betts, tous deux américains, ont identifié six profils de personnalités chez ceux que nous nommerons maintenant les zèbres[1].

Parmi ces six profils, j'étais assez clairement de type : « *The twice-exceptional* ».

Ce sont des jeunes qui cumulent un haut potentiel – peu importe lequel – avec un trouble ou un handicap de quelque ordre que ce soit. Pour ma part, c'est un trouble de l'humeur me faisant passer d'un extrême pessimisme (pour ne pas dire épisode dépressif) à une énergie pouvant déplacer des montagnes (pour ne pas dire épisode de maniaquerie). Les enfants de type 5 ignorent souvent leurs capacités et ont une faible estime d'eux-mêmes. Leur plus grande peur est l'échec, ils peuvent également être en échec scolaire.

Durant mes premières années au collège j'ai pu commencer à lire des ouvrages vulgarisés sur le sujet au CDI et à la médiathèque de La Rochelle. Je n'ai eu dès lors qu'un seul but : me transmuter en un type 6, « *The autonomous learner*[2] ». Voici sa définition, traduite par le blog[3] d'une famille de zèbres que je vous recommande, si le sujet vous intéresse ou si vous voulez connaître les autres types :

« C'EST UN ÉLÈVE INDÉPENDANT,
SÛR DE LUI ET TRÈS ENTHOUSIASTE
À L'IDÉE D'APPRENDRE.
SOUVENT AUTODIDACTE,
IL S'ACCEPTE ET EST TOUT À FAIT CAPABLE
DE PRENDRE DES RISQUES.
IL EST PERSÉVÉRANT ET AIME SE LANCER
DES DÉFIS, IL DÉFEND FACILEMENT
SES CONVICTIONS ET EST TRÈS BIEN ACCEPTÉ
PAR SES CAMARADES COMME PAR
LES ENSEIGNANTS ET LES AUTRES ADULTES.

CET ÉLÈVE EXPRIME LIBREMENT SES SENTIMENTS, SES BESOINS ET SES OBJECTIFS. IL A UNE ESTIME DE SOI FAVORABLE, SCOLAIREMENT PARLANT IL RÉUSSIT BIEN ET SE SERT DU SYSTÈME SCOLAIRE À BON ESCIENT POUR SE CRÉER DE NOUVELLES OCCASIONS. IL SUSCITE SOUVENT ADMIRATION ET SYMPATHIE. »

Comme toujours, connaissant mon côté procrastinateur et la difficulté du cerveau à admettre de nouveaux automatismes, j'ai dû développer une méthodologie sans souffrance et sans contrainte pour arriver à changer ma vision du monde, en commençant par reconsidérer tout ce que je croyais savoir sur l'échec, la réussite, et sur ce que tout le monde cherche à appeler le « bonheur ».

UNE PIÈCE A TOUJOURS DEUX FACES

Pourquoi écrire un livre qui traiterait en partie de nos échecs, de ce qui fait mal ? Parce que ce sujet, presque tabou, est sûrement l'un des sentiments que nous partageons le plus avec le reste de l'humanité depuis la nuit des temps. Il est possible que nous n'ayons pas tous exploré les mêmes émotions dans nos vies et, pour les plus communes, nous ne les avons pas toutes vécues en même quantité. Une seule catégorie fait exception : la peur de l'échec, le sentiment d'échec, la culpabilité de l'échec, et enfin la mauvaise estime de soi.

Pour aborder ce sujet, je vais devoir jouer cartes sur table avec vous, sans complexe ni tabou. Je vais vous partager rapidement ma biographie de multirécidiviste de l'échec.

Depuis petit, je n'ai fait que rater et échouer. Enfant, j'ai échoué à me faire des amis, à être populaire et sociable. J'ai commencé le basket à 8 ans et j'étais mauvais. Lassé de faire perdre tous les matchs à mon équipe, j'ai arrêté de plomber les autres joueurs de mon village en jetant l'éponge. J'aimais bien jouer aux échecs mais je ne faisais que perdre contre mes adversaires. Au collège, j'ai commencé à rater mes études. Mes tentatives de rapprochements amoureux étaient eux aussi peu glorieux. L'apprentissage des langues était un enfer, la pratique des arts plastiques un calvaire et j'ai su également très vite que j'étais et serai toujours médiocre avec un instrument de musique dans les mains (et je ne vous parle pas du chant quand j'ai fait partie d'une chorale collégiale...).

Au lycée, j'ai redoublé ma seconde puis j'ai échoué au bac. Finalement, au cours de ma vie d'entrepreneur, j'ai dû fermer mes cinq premières sociétés. J'ai également lancé un magazine mensuel gratuit qui s'est arrêté au bout de 3 mois. J'ai joué mes spectacles devant 3 personnes. J'ai échoué à trouver un producteur. Mes débuts sur YouTube étaient ridicules. Récemment encore, j'ai raté un gros casting sur une chaîne de télé nationale faisant des millions de téléspectateurs en audience, et j'ai vu différents projets tomber à l'eau... dont un escape game qui m'avait demandé un an et demi de travail. J'ai raté plusieurs histoires d'amour dans ma vie. J'ai plusieurs fois échoué à rendre mes parents fiers. J'ai échoué dans l'écriture la première fois que j'ai voulu écrire un livre.

Je vais arrêter ici car la liste serait longue et impossible à rendre exhaustive. Je ne vous ai mis seulement que quelques échecs significatifs où vous pouviez vous projeter dans ma vie. Mais chacun de ces échecs résulte d'une succession de nombreux ratés. Parce qu'échouer suppose de faire tomber une cascade de dominos dans une même direction.

Ces échecs sont mes succès. Toute cette vie résumée en un paragraphe est une complète mise à nue de mes échecs (pas évident à faire, je vous l'avoue) mais ils sont à eux tous ma plus belle réussite. Attention ! Ceci n'est pas une figure de style ! Ils font celui que je suis. Tous les résultats de ma vie qui ont pu être analysés par la société comme étant *des réussites* sont les conséquences d'une suite de ce que la même société considère comme *des échecs.*

Quelqu'un qui écrirait ma biographie aujourd'hui, en gardant la même chronologie des événements, pourrait tout autant écrire :

Enfant, Fabien passait la majeure partie de son temps à lire. Curieux de tout, il aimait principalement apprendre, découvrir et comprendre. Rapidement, il préféra les sports individuels aux sports collectifs, qui lui permettaient de s'entraîner en autonomie. Il apprit les échecs à l'âge de 5 ans et, son entourage ne jouant pas, ses adversaires furent des adultes expérimentés et des intelligences artificielles. Sa manière différente d'apprendre lui permettait de retenir facilement les cours mais il s'éparpillait à se cultiver dans d'autres domaines comme l'informatique, la culture générale, le codage, les sciences humaines, etc. À 13 ans, il développait ses premiers logiciels sur ordinateur. Loyal, fidèle et dévoué, il a connu peu d'histoires de cœur éphémères, toutes ses relations ont duré et ont été de vraies histoires. Il s'amusa à avoir des notions dans un grand nombre de langues et, en trouvant une vieille guitare appartenant à son père, il se mit à apprendre à en jouer en autodidacte, puis le piano, la basse, les percussions et le didgeridoo. Pas très enclin à prendre le temps de s'améliorer au dessin, il chercha comment créer des graphismes satisfaisants sur son ordinateur alors qu'il était en 3e.

Au lycée, il fut très apprécié par ses camarades, développa son sens social et son sens de l'humour. La découverte de la vie en groupe et de l'amitié a été sa principale activité pendant sa première seconde. « Serial entrepreneur », il a, dès ses

17 ans, travaillé en indépendance, puis a créé 6 sociétés dans 4 secteurs différents. Il a écrit, joué et produit lui-même ses spectacles en France, Suisse, Belgique, Luxembourg, Québec, Pays-Bas, dans les DOM TOM et a récemment joué à L'Olympia et au Zénith de Paris devant des salles pleines. En 2016, il diversifie son art en lançant une vidéo par jour pendant un an sur YouTube ; il cumule à ce jour plus de 2,5 millions d'abonnés sur ses réseaux sociaux. Il reçoit régulièrement des propositions de l'univers télévisé et a toujours de nouveaux projets originaux en développement, dont un escape game inédit dans sa réalisation. Ses parents lui ont souvent dit comme ils étaient fiers de lui. Il a écrit 4 livres et le premier fut un tel succès qu'il est à ce jour disponible dans une dizaine de pays.

Avez-vous observé ? J'ai réécrit le même texte, dans le même ordre. Les faits sont les mêmes. Seul le regard de l'observateur change pour juger des points à relever, en les qualifiant dans le sous-texte de succès ou de réussite.

Détaillons plus en profondeur un exemple : le spectacle.

Nous nous sommes arrêtés au positif : L'Olympia. Pourtant, ce spectacle n'était pas prêt à 100 % MAIS le public fut ravi en partant et j'ai fait des dédicaces jusqu'à 1 heure du matin MAIS j'ai eu de gros temps faibles dans le show, des pertes de rythme et des bafouillages TOUTEFOIS, j'ai reçu deux standing ovation spontanées. MAIS... MAIS...

Je pourrais continuer cet exercice de style très longtemps.

Nous avons tous une vie pouvant être résumée comme la mienne et je veux que vous le fassiez à votre tour. C'est l'un des deux piliers représentant le point de départ de notre aventure ensemble.

Écrivez en quelques lignes une biographie rapide de votre vie incluant tous vos échecs.

....

....

....

....

....

....

....

....

....

....

....

Maintenant, je voudrais que vous écriviez cette même biographie, comme je l'ai fait, avec le regard positif des succès que l'on peut y trouver. Changez votre point de vue si nécessaire, soyez le scribe qui va écrire votre éloge sous la forme la plus positive qu'il soit ! Vous pouvez objectivement trouver des réussites partout, dans tout ce que vous avez noté au préalable. Pour vous inspirer, vous pouvez relire et comparer mes deux textes si nécessaires.

....

....

....

Merci d'avoir joué le jeu et félicitations pour votre implication. Cet exercice a été comme une séance d'échauffement pour votre mental. Nous allons assouplir votre mental comme nous préparons notre corps à la remise en forme : la première séance est toujours un peu difficile et provoque parfois des courbatures mais la suite réserve toujours de belles récompenses.

LE CADEAU DU GÉNIE DE L'ÉCHEC

Imaginez qu'en frottant la couverture de ce livre, de la fumée s'en échappe et qu'un génie apparaisse ! Sous une allure atypique, un air solennel se dégage de lui. Il vous tend une étrange plante puis vous dit d'une voix puissante :

« Mâche cette herbe... Elle fera de toi le premier être humain incapable de rater quoi que ce soit dans sa vie. »

Avant de vous jeter sur cette racine dont vous ne savez rien, donnée par un soi-disant génie dont vous ne savez rien non plus, posez-vous sérieusement les deux questions suivantes :

Voulez-vous ne plus jamais échouer ?

Si oui, pourquoi ?

....

....

....

....

....

....

Avant de rentrer pleinement dans la lecture de ce livre, je veux que vous commenciez par ce jeu mental. Faites-le pour vous ! Pour votre futur ! Rendez-vous ce service.

Refermez ces pages le temps qu'il vous faudra pour avoir des réponses claires et concises à ces deux questions. Il n'y a pas de pièges, pas de mauvaises réponses, juste de la sincérité.

Bien sûr, vous pourriez quand même lire la suite, je ne vais pas surgir de derrière vos rideaux pour vous en empêcher (je suis sûr que vous avez maintenant une irrépressible envie de regarder vos rideaux) mais il y a une raison à ma demande. Tout d'abord, on ne mange pas une plante que nous a donnée un inconnu sans réfléchir avant !

Humour mis à part, ne pas se poser ces questions avant de lire ce livre serait comme si, avant de prendre la route au volant de votre véhicule, vous ne saviez pas pourquoi vous démarriez le moteur. Vous pourriez conduire pendant quelques heures et vous aboutiriez sûrement dans un lieu satisfaisant, en réfléchissant en cours de route ; vous finiriez par stationner où bon vous semble.

Mais si vous connaissez les raisons de votre voyage, si vous savez pourquoi vous avez tourné la clé, alors le voyage et l'arrivée seront bien différents de ce que vous aviez imaginé...

Répondez à ces deux questions mentalement puis posez-les par écrit ci-contre.

Faites-le et reprenez ensuite votre lecture.

C'est fait ? Formidable. Regardons ensemble vos réponses.

Je connais probablement la réponse à la première question. Il n'y a pas une fois où, en la posant à une personne ou à un groupe, la réponse fut différente. Indifféremment du genre, de l'âge ou de la catégorie socioprofessionnelle, on me répond toujours : « Oui, je crois que j'aimerais ne jamais échouer. » Et c'est vrai que cela sonne comme un superpouvoir ! Il y aurait l'invisibilité, le pouvoir de voler, la super force et... ne jamais échouer. Un nouveau type d'Avenger en quelque sorte. Je comprends tout à fait et je pense qu'il y a quelques dizaines d'années, j'aurais moi aussi mâchouillé la plante magique sans me poser de question sur son origine et ses conséquences.

Car les conséquences sont terrifiantes ! Imaginons que ce génie ne soit ni bon ni mauvais, qu'il soit juste « premier degré ». Si vous lui dites « je ne veux plus voir la pauvreté du monde », alors il pourra utiliser la solution la plus simple et la plus littérale : vous ôter la vue. Il en est de même pour ce qui est de ne plus jamais échouer, vous subiriez automatiquement la perte du plus grand pouvoir qu'un être vivant puisse avoir : la **capacité d'apprentissage.** Nous y reviendrons plus tard dans ce livre mais je veux que vous compreniez qu'une partie de ce que l'on appelle **« l'échec »** est intrinsèquement liée à notre **potentiel d'évolution personnelle.** On ne peut pas supprimer l'un sans supprimer l'autre, c'est à la fois le problème et la solution.

Quant à votre réponse à la question « pourquoi ? », elle est en général liée au jugement de votre réussite actuelle (qu'elle soit personnelle ou professionnelle), à **votre bonne ou mauvaise estime de vous** et à **votre rapport aux autres.** J'ai visé juste ? Il y a de fortes chances.

Sans vous dévoiler les chapitres suivants, vous serez surpris de la manière dont vous allez bientôt envisager ces domaines. Réussite, échec, succès, hasard, chance, raté, etc. Tous ces concepts vont être modifiés dans leur sens profond, leur compréhension et leur perception. Par extension, leurs effets aussi vont être transformés. Puis, sans perdre le puissant pouvoir d'apprendre et sans devoir manger de vieilles racines d'un génie douteux, vous allez peut-être ne plus « échouer »...

Comme on se guérit d'une addiction, je vous propose au travers de mes échecs de comprendre que vous êtes conçu pour réussir depuis le départ... pour réussir à être heureux. Ne voyez pas cette phrase comme une accroche de gourou de développement personnel, gardez-la plutôt dans un coin de votre tête et quand vous aurez terminé de lire cet ouvrage, relisez ce chapitre en entier ainsi que le paragraphe suivant.

Attention, stop ! Pour le moment, je veux que vous ne lisiez pas les paragraphes suivants si vous en êtes à votre première lecture ; passez au prochain chapitre. À la fin de cet ouvrage, vous pourrez revenir à cette page.

« Vous êtes conçu pour réussir depuis le départ... » Pouvez-vous imaginer ce que vous auriez pensé si mon livre avait commencé par cela ? Cela vous aurait au mieux fait sourire et au pire provoqué une moue dubitative sur le visage. Et maintenant ? Relisez cette phrase. Je suis sûr que vous avez eu un sourire amusé ou bienveillant. Parce que maintenant vous savez, vous avez compris et j'espère sincèrement que la suppression de ces poids qu'étaient « l'échec » et la recherche du « bonheur » vous a libéré. La souplesse mentale que vous avez atteinte est la clé pour votre bien-être et vos réussites permanentes.

Amusez-vous bien dans votre vie. Je suis désolé car vous n'avez plus d'excuses pour ne pas faire tout ce que vous voulez... Et c'est tant mieux !

DÉCONTAMINEZ VOTRE CERVEAU
ET TRANSFORMEZ BRILLAMMENT
VOTRE PERCEPTION DE LA RÉALITÉ

Dans cette première partie, vous allez devoir passer par un sas de décontamination mentale. Si notre bonheur est caché profondément au cœur de notre cerveau, c'est bien parce que notre cerveau est sacrément pollué par des biais cognitifs, des mécanismes automatisés, des peurs, des espoirs, des croyances, etc. Toutes ces composantes sont comme des filtres sur la réalité et ne permettent pas de raisonner objectivement ; elles donnent la mauvaise habitude à l'esprit de confondre *réalité* et *interprétation orientée.*

C'est la différence entre :

- la réalité objective (« il pleut ») ;
- la réalité objective d'un point vue subjectif (« il pleut, je suis mouillé ») ;
- la réalité fantasmée par le cerveau (« il pleut, j'ai vraiment la poisse, c'est toujours comme ça »).

Une même situation est déclinée en une interprétation irraisonnée. Le mental a besoin d'exister et, pour y arriver, il décide de penser en votre absence, de tirer des conclusions en utilisant ce qu'il croit être votre vérité profonde, et de vous les servir commc s'il s'agissait d'une pensée et que vous aviez réfléchi par vous-même.

Les principes que vous allez découvrir ici constituent les fondations de ma philosophie de la réussite, de ma conception de la **flexibilité mentale** et de la **sérénité émotionnelle.** Prenez le temps de vous en imprégner. Je vous recommande une deuxième lecture de cette partie peu de temps après avoir lu ce livre. La connaissance globale que vous aurez acquise fera résonner ces concepts encore différemment la seconde fois.

Comme la **symbolique du yin et du yang,** la réussite et l'échec sont indissociables et complètement intriqués l'une dans l'autre.

Dans notre cerveau, ils sont associés à des émotions réflexes que nous avons associées à ces « mots-concepts ». Vous ne l'avez pas fait directement, consciemment, c'est votre entourage et la société qui vous ont appris ces concepts, expliquant que l'échec était une mauvaise chose et que la réussite était une bonne chose. La réalité objective est pourtant plus simple, vous allez la découvrir.

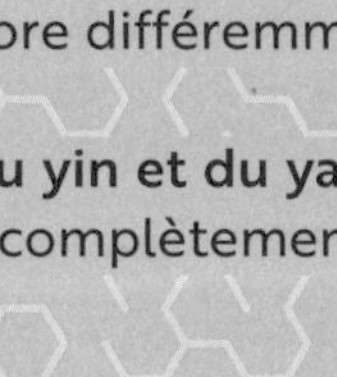

L'HOMME EST FAIT POUR ÉCHOUER

Voici une réalité. Triste ? Absolument pas. Réaliste ? Sans aucun doute !

L'homme est un mammifère très particulier. Il est le seul à naître « non terminé ». Nous naissons au bout de 9 mois de gestation car il n'y a pas assez de place disponible dans un corps humain pour que le bébé puisse se développer complètement *in utero*. Nous allons donc dire bonjour au monde dans un processus de développement. Durant les deux premières années, le stade de nourrisson, l'enfant termine de se réaliser physiquement. En parallèle, il va commencer à apprendre.

Voici pourquoi l'être humain est le seul animal sur terre à pouvoir échouer : parce qu'il a la compétence innée d'apprendre toute sa vie. Les animaux naissent avec un instinct qui contient bien souvent tout ce qu'ils ont à savoir pour vivre, ou quasiment. La tortue va directement vers la mer. Le panda sait exactement ce qu'il doit manger. La baleine sait comment communiquer avec ses congénères. Le renard sait comment il doit chasser. Le lapin sait comment faire son terrier. Etc.

En parallèle, l'être humain naît également avec ses **instincts primaires,** que l'on peut assimiler à des pulsions. Il va devoir en accepter certaines et en refuser d'autres. Son premier apprentissage va donc être de s'affranchir de ses instincts. Il peut les observer, les nommer et décider de les suivre dans certains cas ou de les refouler dans d'autres. C'est une aptitude unique dans la nature !

Comme tous les animaux, il naît aussi avec des **besoins primaires :** nourriture, confort et sécurité. Une fois que ces besoins sont comblés, l'être humain possède la capacité incroyable de se créer de nouveaux besoins, encore et encore. C'est ainsi que notre espèce a évolué, a inventé, a révolutionné son existence et son monde.

Il faut dès lors comprendre que c'est ce magnifique cadeau de l'évolution, notre capacité à apprendre, qui a créé la notion de réussite et d'échec. Un poisson ne rate pas sa vie de poisson. Un chat ne peut pas rater le fait d'être chat. Il n'y a que l'humain qui considère pouvoir rater sa vie ou, dans une moindre mesure, sa journée. Parce qu'il est le seul à pouvoir essayer d'évoluer dans la direction de son choix ! Il peut choisir d'essayer de vivre n'importe quelle expérience qui n'était pas « nécessaire » à sa vie (au sens philosophique « qui ne peut pas ne pas être »).

Percevez ces pouvoirs que nous avons tous : pouvoir d'imaginer, pouvoir de désirer, pouvoir d'essayer, pouvoir d'apprendre, pouvoir de comprendre.

Notre cerveau collectif a décidé d'occulter ces cinq pouvoirs primordiaux pour en inventer deux faux : le pouvoir d'échouer et le pouvoir de réussir.

L'échec fait simplement partie intégrante du processus d'apprentissage. Vous ne pouvez pas avoir le fantasme d'apprendre sans admettre qu'il faudra peut-être plusieurs essais, plusieurs réglages. Vous devez mettre votre ego et vos émotions de côté comme vous le faisiez avant... Avant ? Bien sûr. Lorsque vous étiez enfant, vous n'avez fait que ça ! Avez-vous marché du premier coup lorsque pour la première fois vous vous êtes tenu debout sur vos jambes ? Avez-vous nagé la première fois que vous êtes allé dans l'eau ? Avez-vous écrit vos premiers mots une fois que l'on vous a récité l'alphabet ? Le laçage des lacets s'est-il fait en quelques secondes quand on vous l'a montré ? Je pourrais vous écrire un livre complet d'exemples de tentatives qui ont été menées à bien après plus ou moins de temps, où vous ne vous jugiez pas parce qu'il vous avait fallu plusieurs essais.

Vous devez simplement retrouver cet état d'innocence émotionnelle. Celui où il vous semblait évident de devoir essayer avant de comprendre mentalement et physiquement comment réaliser ce que vous vouliez.

Vous êtes humain, vous possédez le don de l'apprentissage, ne le gâchez pas à cause d'un regard incorrect sur le résultat de vos tentatives. La dernière tentative sera toujours la bonne... nécessairement.

L'ÉCHEC, UN ACCÉLÉRATEUR DE RÉUSSITE

Il existe un plombier, marié à une princesse ayant une fâcheuse tendance à se faire kidnapper. Ce héros du jeu vidéo éponyme *Mario Bros.* offre une belle perspective d'échecs à répétition. Que vous soyez joueur aguerri ou débutant, il est impossible de terminer les niveaux sans échouer tant ils sont remplis de pièges et de bonus cachés. Le seul moyen de finir ce jeu est de perdre, encore et encore, pour comprendre les subtilités du niveau et finir vainqueur dans le dernier château.

J'aime prendre cet exemple car il est vertueux. Si je voulais faire ce niveau lentement, en essayant d'identifier toutes les étapes au fur et à mesure, il y a fort à parier que je perdrais au mieux par la limite de temps et au pire, par l'un des pièges que j'essaierais d'anticiper. La meilleure stratégie est donc d'avancer, à vitesse normale, et d'apprendre au plus vite de ses erreurs.

« VOUS DEVEZ ÊTRE FIER D'AVOIR FAIT PLUS D'ERREURS QUE LES AUTRES CAR VOUS EN SAVEZ PLUS. »

MORGAN FREEMAN

Laissez-moi transposer ce jeu à l'un des épisodes de ma vie, il vous permettra de projeter cette théorie dans le monde réel.

LES ESSAIS SONT LES PLUS BELLES RÉUSSITES

J'ai joué mon premier spectacle à Paris en 2010 pour 3 représentations à La Folie Théâtre, dans le XIe arrondissement. Si vous lisez ma biographie en ligne, vous pourriez penser que c'est faux car elle indique que j'ai commencé en 2011 à la Comédie des 3 Bornes. Alors, que s'est-il vraiment passé ?

Nous sommes en 2010, je partage mon temps entre mon logement à Esnandes (un village près de ma ville natale, La Rochelle), mes prestations à l'étranger et une vie parisienne succincte qui n'existe que dans le but de me rapprocher de celle qui partage ma vie et qui travaille dans la capitale. Le problème est que je n'ai rien de spécial à faire à Paris lorsque j'y suis et que ma compagne travaille. Mais après une courte recherche, je découvre un théâtre non loin de notre logement vers la place Voltaire : La Folie Théâtre. Je pourrais même y aller à pied ! Une petite salle de 49 places en gradins avec un confortable plateau de jeu de 5 mètres sur 4. Je contacte la salle qui – hasard de la vie – accepte de me programmer pour quelques représentations. Je suis ravi et je me demande comment préparer au mieux ces quelques dates.
Je n'ai pas de producteur et je dois donc réaliser ce qu'on appelle une autoproduction. Charge à moi de créer une affiche, un visuel, une description du spectacle, d'imprimer affiches et tracts, de faire le contrat, de gérer la communication, etc. J'utilise de vieilles photos que j'ai en stock et je compose moi-même une affiche sur je ne sais quel logiciel gratuit que je trouve en ligne. Le résultat est médiocre mais ça, je n'ai pas encore assez de recul pour le savoir... C'est du fait maison et j'en suis satisfait.

Je me mets alors en quête d'un imprimeur pour réaliser une centaine d'affiches et quelques centaines de tracts... Une semaine après, je reçois le tout chez moi... Et je me demande quoi en faire ! Coller des affiches dans une ville peut paraître simple mais c'est un métier à part entière. Il faut connaître les emplacements, trouver un espace, savoir parler aux commerçants pour avoir l'autorisation de coller une affiche dans leurs vitrines (alors qu'ils sont ultra-sollicités chaque jour pour cette même raison). Bref, il me faut quasiment quinze minutes pour réussir à poser une seule affiche, sans être toujours certain de la visibilité de celle-ci.

En parallèle, je décide d'aller place de la Bastille, à la sortie du métro, pour y distribuer mes tracts. C'est là que je fais une grande découverte : les passants ne sont pas du tout intéressés par moi ! Ou alors, je viens de développer un nouveau super-pouvoir durant mon sommeil : je deviens invisible à partir du moment où je tends un tract de mon spectacle à quelqu'un. Mais pour être honnête, je n'ai pas de meilleure idée et je continue pendant quelques heures avec un résultat plus que mitigé... qu'on pourrait appeler un échec ! Je tente également ma chance sur les terrasses de cafés, en me disant qu'ici les gens ne pourront pas m'ignorer, mais les résultats ne sont pas plus glorieux. Au mieux, ils pensent que je passe prendre leur commande et je dois leur expliquer que je ne suis pas le serveur, au pire, ils prennent le tract sans me regarder et le posent sur la table en attendant que le serveur le jette plus tard.

Quelques semaines passent et je suis aux portes du théâtre pour effectuer la première de mes trois représentations. J'entre sur scène et, face à moi, j'aperçois 3 personnes... dont ma compagne accompagnée de sa meilleure amie ! Mon redoutable plan de communication basé sur des affiches et des tracts en sortie de métro n'a clairement pas eu l'effet escompté. Ou bien il y a eu un couvre-feu imposé dont je n'ai pas eu connaissance ? Ou une inondation ? Des manifestations ? Je reste un peu sidéré car j'ai conscience à ce moment précis que les taxis

qui passent actuellement devant le théâtre ont parfois plus de personnes dans leurs voitures que moi dans ma salle.
J'ai néanmoins assuré mon spectacle d'une heure ce jour-là, ainsi que les autres dates, avec un public équivalent. Certains de mes numéros nécessitent d'avoir deux personnes sur scène avec moi, il y avait donc parfois moins de spectateurs en salle que sur les planches... Difficile de compter sur le bouche-à-oreille dans ces conditions.

Le partage des recettes à l'issue de cette programmation n'a évidemment pas couvert les frais que j'avais engagés dans la communication et le matériel du show. Le spectacle n'était pas terrible. Le public absent. Les éléments de communication inefficaces. Tous les ingrédients de l'échec étaient à point pour être dégustés.

C'est en rentrant chez moi à pied à l'issue de la dernière représentation, avec un découvert tellement gros qu'il aurait pu percer le fond de mes poches, que j'ai regardé cet échec en face en me demandant comment le gérer. Il fallait que je commence par mettre mon ego de côté et la seule solution était de me décentrer. Tout en marchant, je me suis mis à m'imaginer comme étant un grand producteur de spectacle, un jeu de rôle en quelque sorte. Je venais de produire le spectacle d'un certain Fabien Olicard. Que s'était-il passé ? Je me suis alors souvenu de ce que l'on appelle « la démarche scientifique », elle repose sur une véritable science de l'erreur. Les erreurs sont nécessaires et acceptables pour atteindre un but, comme dans *Mario Bros*. Ce que j'appelais mon échec n'était donc qu'une accumulation d'erreurs représentant une étape dans le développement d'un spectacle au théâtre. En endossant mentalement le rôle du producteur, j'ai pu regarder franchement ce qu'il s'était passé :

Le spectacle n'était pas terrible.
L'artiste manquait cruellement d'expérience.
Les visuels faisaient preuve d'amateurisme et de mauvais goût.
Les moyens pour communiquer n'avaient pas porté leurs fruits.

Avec la même honnêteté j'ai regardé pourquoi toute l'énergie que j'avais dépensée n'avait pas obtenu de résultats satisfaisants.

Tracter des prospectus à la sortie d'un métro ou dans la ville.
J'ai voulu interrompre des passants dans un trajet. Un trajet a toujours du sens, un but, un temps. Ces personnes n'étaient pas en train de flâner au milieu de leur journée mais au mieux, elles rentraient chez elle et au pire, elles couraient après le temps. Elles n'étaient pas disponibles. Quelqu'un qui rentre ou sort d'un transport va forcément d'un point A à un point B et n'a pas envie d'être sollicité entre les deux. Il m'a fallu l'essayer pour le comprendre.

Tracter des prospectus sur les terrasses de bars.
Je les avais déposés à tout le monde avec la stratégie de « plus j'en distribuerai, plus j'aurai une chance que quelqu'un vienne au spectacle ». Mais avaient-ils la moindre idée de ce qu'était mon spectacle ? Mon métier ? De ce que je proposais vraiment ? Savaient-ils que le théâtre était à moins de 5 minutes à pied du bar ? Avais-je essayé d'entamer la conversation ? Rien de tout ça évidemment. Il vaut mieux réussir à distribuer 100 tracts et que 5 personnes viennent plutôt que 2 000 et que 10 personnes se présentent (c'est d'ailleurs quasiment ce qu'il s'est passé).

Les affiches que j'avais pu déposer.
Une vingtaine au maximum. Elles avaient été collées à des endroits où ma seule stratégie était : « Si je peux en poser une, je le fais. » Je suis allé jusqu'à en mettre dans les laveries et sur des cabines téléphoniques pour ne pas rentrer avec le (pourtant petit) stock que j'avais pris.

J'ai continué cette liste et je suis arrivé chez moi avec le sourire aux lèvres. J'avais repositionné mon état émotionnel en me décentrant du sujet et surtout, je venais de comprendre que cette étape n'était qu'un début. Un début ne peut pas être considéré comme un échec mais simplement comme la première marche d'une réussite future. En assouplissant son jugement, mon cerveau venait de redevenir objectif sur la situation. Mille idées étaient en train de naître dans mon esprit pour renouveler l'expérience un jour avec une salle pleine, un spectacle prêt, un artiste plus aguerri.

Durant un an à compter de ce jour, j'ai écumé les scènes ouvertes, les cabarets et toutes les occasions où je pouvais jouer afin de tester des numéros pour mon spectacle. J'y ai vécu des ovations, des « bides », des moments de doute, des moments de grâce. J'ai désacralisé le fait de monter sur scène pour le voir comme un test en laboratoire où, à chaque occasion, je testais mon vaccin pour l'améliorer. Le spectacle devenait meilleur. L'artiste commençait à avoir plus d'expérience.

Le dernier déclic s'est produit en passant devant une parfumerie populaire où l'on m'a offert un échantillon... Une semaine après, j'achetais un parfum de cette marque ! Si je voulais remplir un jour une salle, il fallait que je trouve un moyen d'offrir des échantillons de mon spectacle au public potentiel. Mieux ! On m'avait donné ce parfum parce que j'étais un homme de 28 ans, la cible de ce parfum... Il faudrait donc que je comprenne qui était la cible de mon spectacle pour leur offrir, à eux, un échantillon.

J'ai référencé les plateaux d'artistes où le public avait entre 20 et 40 ans (ma cible) pour y jouer des extraits de 10 minutes de mon spectacle. À la fin de mon passage, je faisais la promotion de mes futures représentations. Les soirs où je ne jouais pas, j'allais distribuer des tracts à la sortie des spectacles dont la thématique était connexe au mien.

Quant au visuel, j'avais économisé pour me payer les services d'un graphiste très créatif... qui travaille encore avec moi sur tous mes spectacles.

C'est ainsi qu'en 2011 j'ai vraiment commencé, pour une période de 3 mois, un spectacle à la Comédie des 3 Bornes. Un théâtre de 49 places également. Finalement, j'y ai joué chaque semaine durant 2 ans, avec une salle quasiment toujours pleine et de belles critiques.

Un succès ? Non plus ! Il y a une certaine facilité aussi à vivre la situation sans y poser de regard objectivement critique. Il y avait encore beaucoup de potentiel d'amélioration dans l'artistique, la production et la communication. Une simple nouvelle étape donc.

Les échecs et les succès ne sont que des vues de l'esprit, des positionnements émotionnels, des étiquettes que l'on aime coller à des situations pour les ranger dans des cases. Dire de quelque chose que c'est un succès ou un échec, c'est avant tout clore un dossier qui devrait rester ouvert. C'est affirmer que l'on est arrivé à destination alors que nous sommes en route.

Si j'ai pu lancer mon spectacle dans les théâtres et les festivals, c'est uniquement grâce à cette expérience de 2010 riche en enseignements. Si je ne l'avais pas vécue et que je m'étais directement lancé pour 3 mois dans un théâtre d'humour comme la Comédie des 3 Bornes, je n'aurais pas vécu les années qui ont suivi et durant lesquelles se sont enchaînés le théâtre du Point-Virgule, le théâtre de la Tour Eiffel, la Seine Musicale, L'Olympia et enfin le Zénith de Paris. Je chéris encore ces 3 dates où, en rentrant sur scène, je me suis dit : « Il n'y a qu'une personne que je ne connais pas… Elle va devoir participer à tous mes numéros pendant 1 heure. »

Les Américains appellent cela le *fail fast,* soit littéralement le « rate vite » ou « échoue rapidement ». Il faut déjà recadrer votre cerveau en lui apprenant ce qu'il savait quand vous étiez tout petit : **un raté n'est pas un échec.** Comme je vous l'ai dit, un échec ne sous-entend pas que l'histoire est terminée, que le mot FIN vient d'être écrit à l'encre indélébile. Les ratés sont nécessaires pour apprendre, pour comprendre.

Vous ne saurez jamais jouer d'un instrument de musique sans massacrer quelques morceaux avant et sans accepter de vous entraîner de longues heures durant. Considérez-vous cette étape comme un échec ? Ce qui paraît naturel dans un domaine comme la musique devient moins évident quand l'ego vient s'en mêler.

Voici donc les quelques règles d'or à suivre pour apprendre plus vite que les autres :

- décentrez votre ego en observant la situation d'un regard extérieur : vous n'êtes pas la situation que vous observez, vous n'en avez été que l'acteur ;

- soyez honnête dans votre jugement. Soyez-le dans les côtés négatifs mais aussi dans les côtés positifs ;

- commencez à repérer et lister ce qui aurait pu être modifié ;

- trouvez des alternatives pour modifier ces points lors de votre prochain essai ;

- et enfin, l'étape la plus importante : réessayez dès que possible !

Voici une clé :
Vous êtes imparfait et c'est grâce à cela que vous allez pouvoir rapidement apprendre et affiner ce que vous entreprenez dans votre vie personnelle et professionnelle.

LA BONNE CHOSE ET LA MAUVAISE CHOSE

J'ai lu à l'âge de 15 ans un conte zen. Ce conte ancestral arrivé en Europe il y a quelques dizaines d'années m'a aidé à devenir plus souple mentalement, à attendrir mes élans émotionnels et surtout, à ne pas juger une situation trop rapidement. Je vais le partager avec vous dans sa version la plus moderne.

Max Lucado, un auteur et pasteur américain, a enrichi l'histoire en 2010 dans son livre *In The Eye of the Storm*.

Un vieil homme habitait un village. Ce village faisait partie d'une plus grande contrée sous l'influence d'un roi dont le peuple était satisfait. Le vieil homme, malgré son grand âge, continuait tant bien que mal son métier de bûcheron. Mais il avait quelque chose que tout le monde lui enviait : un superbe cheval blanc. Ce cheval était fantastique, il resplendissait de beauté, avait une force assurée et faisait preuve d'une vive intelligence. Les gens se déplaçaient de toutes les contrées pour tenter d'acheter ce cheval, même le roi avait proposé une fortune, mais le vieil homme s'obstinait à refuser de s'en séparer.

Il expliquait que le cheval faisait partie intégrante de sa famille, que ce n'était pas un animal pour lui mais un ami, un frère. Pouvait-on vendre son frère ? Non. Le vieil homme, malgré son extrême pauvreté, préférait renoncer à l'argent et conserver ce compagnon à quatre pattes.

Mais un matin, en se réveillant pour aller dans la forêt, le vieil homme constata que le cheval avait disparu de l'écurie. Tous les habitants du village vinrent lui rendre visite en se moquant de lui. Ils lui rappelèrent qu'ils l'avaient prévenu, qu'il aurait dû le vendre, qu'il était prévisible qu'il se le fasse voler un jour ou l'autre. Ils ne comprenaient pas comment, en étant tellement dans le besoin, il s'était obstiné à ne pas accepter les sommes plus que confortables qu'on lui avait proposées. Ils lui dirent : « Ton cheval a disparu, c'est une mauvaise chose qui t'est arrivée ! »

Mais le vieil homme n'était pas de cet avis. Il leur dit :
« Je ne sais pas. Et vous non plus d'ailleurs. Vous pouvez dire que mon cheval a disparu car c'est tout ce que nous savons vous et moi. Mais est-ce une mauvaise chose ? Je n'en sais rien… et vous non plus ! Comment pouvez-vous juger alors que vous n'en savez pas plus que moi. »

Les habitants n'étaient pas d'accord et ressentaient un mélange d'amusement et d'énervement. Pourquoi vouloir faire le riche d'esprit quand on a perdu son bien le plus précieux ? Le cheval n'était plus là et c'était une mauvaise chose. La plus mauvaise qui pouvait lui arriver.
Mais l'affaire n'était pas tranchée pour le vieil homme :
« Vous dites savoir, mais vous ne savez rien. Mon cheval a disparu car mon écurie était vide ce matin. Nous ne connaissons que cette vérité. Comment ce simple fait peut constituer une mauvaise ou une bonne chose ? C'est un simple fait. Personne ne peut compléter une phrase en n'ayant lu qu'un seul mot. Personne ne sait de quoi est fait l'avenir. »

Tous les habitants eurent la confirmation de ce qu'ils pressentaient depuis fort longtemps : le vieil homme était soit un idiot, soit un fou. Car qui, dans sa situation, n'aurait pas vendu le cheval pour terminer ses jours dans le confort ? Le vieil homme avait préféré subir les affres de la météo chaque jour et aller dans la forêt abattre un arbre, le transporter avec peine jusqu'au marché pour, enfin, le découper en bûche. Seul un fou pouvait se contenter de cette condition de vie.

Mais voilà... un événement allait bouleverser l'opinion publique. À peine deux semaines s'étaient écoulées que le cheval refit surface confirmant ce qu'avait dit le vieil homme : on ne savait pas s'il avait été volé ou non. En réalité, il était simplement parti dans la forêt et son retour était triomphal car il était accompagné de douze chevaux sauvages qui voyaient en lui leur chef.

De nouveau les habitants du village vinrent voir le bûcheron mais cette fois pour le féliciter de sa clairvoyance. Depuis le début, il avait raison et tous firent leur *mea culpa* en s'excusant d'y avoir vu une mauvaise chose alors qu'il s'agissait d'une bonne chose.

Mais l'affaire n'était toujours pas figée pour le vieil homme :
« Vous pensez encore savoir plus qu'il n'est possible de constater. Mon cheval est de retour avec douze chevaux. Nous ne

savons que cette vérité. Ne la jugeons pas. Vous pensez toujours qu'avec un fragment de vérité, vous pouvez comprendre le monde, mais ce n'est pas en lisant une page d'un livre que l'on peut comprendre le livre. Arrêtez de classer les faits en bonnes ou en mauvaises choses comme une sentence définitive car ni moi ni vous ne le savons. De mon côté, je sais ce que je constate et je ne prends pas en considération ce que j'ignore. Donc mon cheval est revenu avec d'autres chevaux et je ne sais pas si c'est une bonne chose ou une mauvaise chose. »

Humblement, les habitants du village discutèrent entre eux, confirmant que le vieil homme était peut-être plus sage que fou. Chacun rentra chez soi mais tous, intérieurement, étaient convaincus que son discours n'avait pas de sens. Recevoir en cadeau inattendu douze chevaux, dans sa situation qui plus est, et retrouver ce cheval blanc qui, à lui seul constituait un véritable trésor, était nécessairement une bonne chose. Il n'avait plus qu'à entraîner les douze chevaux pour les vendre ensuite sur le marché. Il allait quoi qu'il arrive amasser beaucoup d'argent pour ce cheptel.

Mais le vieil homme était trop occupé et trop âgé pour dresser douze chevaux en même temps. Il demanda à son seul fils de s'en occuper, de les dresser puis de les vendre le jour venu. À peine le fils eut entamé sa tâche qu'une ruée de l'un des chevaux l'envoya au sol. La chute lui brisa net les deux jambes.

De nouveau, les habitants du village vinrent voir le bûcheron et recommencèrent à juger la situation. Ils exprimèrent leur peine en lui disant qu'il avait eu raison, que le retour du cheval accompagné de ces douze chevaux avait été une très mauvaise chose. Son fils serait en convalescence très longtemps, dans l'éventualité qu'il puisse remarcher un jour. Plus personne ne pourrait l'aider pour le bois ou les chevaux et la situation du vieil homme était pire qu'avant.

Une fois encore, le bûcheron tenta de leur expliquer :
« Vous vous aveuglez une fois de plus. Vous êtes obnubilés par le jugement et vous vous complaisez à tirer des conclusions définitives sur ce qui n'est qu'une pièce d'un immense puzzle. La vie est faite d'un nombre incalculable de morceaux et ce n'est pas avec quelques-uns d'entre eux que vous pouvez apprécier l'œuvre entière. Mon fils ne peut plus marcher, c'est un fait, mais je ne sais si c'est une mauvaise chose ou une bonne chose. »

La semaine suivante, un pays voisin de celui du village déclara la guerre à leur roi. Pour surmonter ces batailles, l'armée réquisitionna tous les jeunes hommes du pays sans distinction. Tous devaient rapidement se former pour être enrôlés dans l'armée royale et partir au combat. Tous les jeunes hommes du village durent se plier à cette injonction sauf un, le fils du vieil homme, incapable de marcher.

Les habitants du village étaient désespérés car la puissance de l'ennemi n'était pas à démontrer et il y avait peu de chance que leurs enfants reviennent vivants de cette guerre perdue d'avance. Certains allèrent encore voir le vieil homme pour lui rappeler sa chance : grâce à l'accident de cheval, son fils était resté. La chute était donc une bonne chose.

Une dernière fois, l'homme tenta de leur expliquer :
« Vous ne voulez ni comprendre, ni écouter. Vous préférez toujours juger alors que personne ne sait rien d'autre d'une situation. Toutes les conséquences potentielles ne sont que des fantasmes issus de vos esprits. »

Voici donc la fin de cette histoire qui pourrait durer jusqu'à la fin de la vie du vieil homme.
Notre cerveau fonctionne comme celui des habitants du village et nous avons le réflexe d'étiqueter positivement ou négativement une situation.
En réalité, nous le faisons en extrapolant un jugement basé sur un futur que nous ne connaissons pas.
Les émotions que l'on ressent alors sont énergivores et parfois erronées. Ne faire qu'observer les faits permet d'éviter le principe de la double peine, que vous allez découvrir maintenant.

ÉVITEZ HABILEMENT LA DOUBLE PEINE

Il existe une prison où l'on est enfermé en étant innocent, le geôlier est un être cruel, intransigeant et dur. Il est à la fois le juge et le bourreau. Il prononce la sentence et vous enferme dans un lieu sombre pour une longue période. Vous l'avez déjà rencontré et il vous a condamné des centaines de fois au cours de votre vie... Oui, des centaines ! Vous voulez voir le visage de cette personne impitoyable ? Allez dans votre salle de bains... Vous le verrez en regardant votre miroir.

Cette introduction est perturbante, n'est-ce pas ? Elle décrit pourtant quelque chose que vous connaissez. La peine et la double peine sont deux concepts que j'utilise pour parler de l'impact émotionnel de notre jugement irrationnel.
Prenons un exemple concret :

Je suis en train d'écrire un livre. En ce moment, je tape les chapitres de la première version du livre. Je trouve l'ensemble confus, peu intéressant et rempli de fautes. J'ai une piètre opinion de ce que je fais actuellement mais mon côté rationnel et ma mémoire m'aident à me rappeler que c'est mon processus de création habituel et qu'il faudra environ 13 à 15 versions

avant que je ne sois satisfait de ce que j'ai produit.
Pourtant, ce petit trouble émotionnel peut ouvrir une brèche sur ma pensée irrationnelle, celle qui se nourrit de mes peurs, de mes angoisses. Et les premières pensées arrivent :
« Si mon éditrice décidait qu'il n'était pas à la hauteur pour le publier ? »
« Si je n'arrivais pas à le terminer ? Il reste tellement à écrire. »
« Si je ne trouvais pas le bon titre ? Les gens se tromperaient et ne comprendraient pas de quoi le livre traite. Du coup, personne ne le lirait. Les librairies le retireraient. Est-ce que je pourrais en écrire un autre après ça ? Comment garder la face quand ça sera un échec ? »

La première peine a déjà commencé ! Je laisse le pire scénario se créer dans mon esprit, en lui prêtant une probabilité réelle et je ressens déjà la culpabilité, la souffrance et les angoisses que j'aurais pu ressentir si un tel scénario avait eu lieu. Mais ça n'est pas le cas ! C'est une lointaine projection d'un potentiel « après l'après » ! Et pour le moment, je suis ici et maintenant, en train de déployer les efforts nécessaires pour écrire un nouveau livre utile qui, j'espère, aidera à reconfigurer quelques schémas de pensée pour celles et ceux qui en ressentent le besoin. Si je laisse ces pensées occuper mon esprit alors je souffre, ces émotions sont dures à vivre et elles sont très énergivores. J'ai encore moins de créativité et de force. J'ai envie d'arrêter d'écrire… Chaque mot supplémentaire est un mini-supplice.
Heureusement, j'ai dompté ce processus très tôt dans ma vie et, si vous faites preuve d'honnêteté, vous conviendrez que vous pouvez transposer cette situation à beaucoup de moments de votre existence où vous vous êtes jugé sévèrement, en anticipant d'éventuels problèmes, ce que vous avez mal vécu. Vous ressentez physiquement l'impact de vos mauvaises émotions. Vous vous êtes condamné et enfermé !

Heureusement, il y a des solutions ! Mais pour les envisager, je dois vous raconter la plus lourde des peines que j'ai pu recevoir…

Une nouvelle fois, je vous emmène des années en arrière. 10 ans précisément. Vous allez assister à une scène de ma vie comme si vous étiez là. Penchez-vous au-dessus de la Pensine de Dumbledore et vivons ce souvenir ensemble.

Nous sommes dans l'arrière-pièce d'une énorme salle de réunion dans les quartiers chics de Paris. C'est ici qu'ont lieu certains grands défilés, des soirées de lancements hors de prix, les regroupements d'une certaine clientèle fortunée. Environ 500 personnes sont présentes et attendent une présentation qui a eu une promesse très forte : un événement qualifié d'exceptionnel. Ce public n'est pas n'importe lequel, ce sont les 500 plus grands revendeurs mondiaux de la marque pour qui je travaille en ce jour, ils viennent du monde entier et sont tous dans les hautes sphères hiérarchiques de leurs sociétés.

Dans la pièce où je me trouve, vous pouvez voir une table remplie d'accessoires étranges. Un journal sportif un peu trop épais, des tubes à essais avec de l'eau trouble à l'intérieur, un jeu de cartes dont le design a été personnalisé, un éventail, une fleur, un vase plein d'eau, des poudres étranges presque incolores, etc. À côté de la table se trouve Julien Losa, un ami mentaliste qui travaille avec moi sur cette journée et à ses pieds… moi. Assis, les larmes aux yeux, le visage chaud et crispé, une colère forte est lisible sur mon visage : je suis clairement en train de craquer et je refuse d'aller sur scène. Que s'est-il passé ?

Pour le comprendre, il faut remonter quelques mois en arrière… Je reçois l'appel d'une amie comédienne, Marine, qui me dit qu'elle est en contact avec une grande marque du monde de la beauté. Pour ne pas les citer, nous appellerons cette marque NoName. NoName va organiser sa grand-messe annuelle et elle souhaite surprendre ses invités pendant 20 à 30 minutes en réalisant une prestation qui mélangerait l'illusion et la mise en avant de tous leurs produits, pour terminer en beauté vers leur dernière création.

Je ne vous cache pas que j'adore ce défi créatif. C'est vraiment passionnant de pouvoir prendre une feuille banche, de partir de zéro et d'imaginer un spectacle personnalisé à 100 % avec en plus des objectifs précis. Tous les artistes et les créatifs vous le diront : il est plus simple et plus stimulant de créer avec des contraintes ! Le simple fait d'en prendre connaissance génère spontanément les premières idées. La feuille blanche de la liberté absolue, elle, représente un cap plus dur à franchir (j'ai pour cela aussi développé toute une gamme d'astuces et de méthodes que je coucherai peut-être un jour sur le papier). Mais s'il y a bien une chose que je sais, c'est que la création d'un spectacle 100 % personnalisé demande deux types de ressources : du temps et de l'argent. Seulement, du temps, il n'y en a déjà presque plus, et de l'argent... pas tellement non plus, étrangement. Après un contact téléphonique avec l'une des personnes responsables de la journée, j'obtiens un rendez-vous dans leurs locaux avec trois personnes en charge de la marque. Le bureau est à la fois minimaliste et cossu, démontrant la puissance de NoName et son côté raffiné. Nous discutons trois heures pour définir ce que je pourrais faire, je commence à pitcher les premières idées qui me viennent spontanément et tout le monde est très emballé. Une certaine excitation naît de mes propositions, je suis ravi.

Il y a une chose que je n'arrive pas à faire : augmenter le budget ! Je dispose d'un global de quelques milliers d'euros qui vont fondre comme neige au soleil pour la création. Mais le projet me stimule. J'appelle mon ami Julien pour lui proposer de travailler dessus avec moi. Il est très créatif, très pertinent, et vivre cette aventure ensemble aura trois avantages : rendre cette expérience plus plaisante, le manque de temps de préparation sera comblé par le fait que nous sommes deux et la prestation gagnera en qualité grâce à lui.

Comment optimiser le budget ? Il n'y a pas de solution miracle. Je me mets d'accord avec Julien sur sa rémunération (pour la création et pour les numéros qu'il fera lui-même sur scène). Je loue du matériel permettant à un magicien de léviter au-dessus du sol pour le final (ce qui représente presque 40 % du budget alloué). Il faut également payer les transports, les taxis pour aller chercher le matériel et le ramener, acheter tous les accessoires, etc. Bilan, je ne vais pas me payer pour les heures de recherches et de création et je toucherai un petit salaire pour l'une des prestations (je ne pourrai pas me payer pour la deuxième, car nous devons réaliser la même prestation une semaine après pour leurs autres clients).

Commence alors un mois tétanisant. Chaque jour, je reçois des mails de NoName, à toute heure, mon téléphone sonne et je dois leur répondre, changer le contenu de ma création, m'adapter à de nouvelles demandes et les rassurer. La personne qui m'appelle a l'air de subir beaucoup de pression et la déverse sur moi. J'en suis à un niveau de stress que je ne connais pas dans ma vie. J'ai certaines barrières naturelles et un mental assez souple qui fait que je garde la tête froide et que je ne connais pas tellement la pression extérieure.
Pour la première fois, tout se fissure. C'est comme si une eau sale et chargée d'électricité s'était engouffrée dans mon esprit. Je commence clairement à avoir peur du résultat, je remets en cause tout ce que nous avons créé avec Julien mais le temps passe et nous devons absolument avancer.
Alors nous avançons… au ralenti. Tout doit être validé par NoName, la moindre chose devient un sujet de discussion. Par exemple, les pots et les tubes que je vais utiliser pour un numéro : 1 heure de téléphone et une dizaine d'échanges par mails pour savoir lequel j'achète (toujours avec ce budget très limité). Mais je n'étais pas prêt pour ce qui allait se passer la veille de la première prestation.

Tout est enfin prêt, dans moins de 24 heures, je serai dans l'environnement que je maîtrise le plus : une scène. Je reçois alors un coup de fil qui va m'achever…

L'une des collaboratrices de NoName vient se faire préciser le nombre de fleurs qui vont entrer en lévitation dans le final. En effet, pour la toute fin du spectacle, je dois faire référence à leur nouveau produit dont les thèmes sont le rouge, la légèreté, etc. Nous avons donc imaginé un parterre de fleurs sur tout le devant de la scène tout le long de la prestation, après toute une séquence de spectacle, Julien doit rentrer sur scène et s'asseoir sur un tabouret. En levant la main, une fleur au loin se lèverait dans les airs pour atterrir dans sa paume. Au moment où elle toucherait sa main, Julien se mettrait à léviter lui aussi de quelques centimètres. Je précise donc à mon interlocutrice qu'il s'agit de deux fleurs. Elle me répond, paniquée : « Ça n'est pas possible, Fabien ! Dans la publicité que nous diffusons, il y a des milliers de fleurs qui s'envolent ! On ne peut pas faire deux fleurs, c'est ridicule, vous devez changer ça ! » Mon cerveau bloque. Je lui propose de tout arrêter là. De stopper. D'annuler. Sûrement pour que je puisse m'enterrer sous terre pour dix ans d'ailleurs.

J'analyse rapidement la situation et voici ce qu'il s'est passé dans mon dos.
Étape 1 : J'avais présenté au tout début l'idée de faire voler une fleur.
Étape 2 : On m'avait demandé d'en rajouter, je cite, « plein ».
Étape 3 : J'avais expliqué qu'il fallait changer de technique, qu'il faudrait louer la salle 24 heures avant pour préparer, que pour 100 fleurs, il faudrait un système de centaines de fils invisibles, de poulies, de moteurs miniaturisés, etc., pour l'ensemble. Parce que la magie… n'existe pas ! Nous pouvons faire des illusions mais pas des miracles, surtout quand on a que quelques centaines d'euros pour créer un numéro qui en demanderait 100 fois plus ! J'avais proposé un compromis de 2 fleurs, une par main, avec la technique que nous avions prévue. La personne de chez NoName que j'avais déjà comme contact me l'avait validé par téléphone.
Hypothèse de l'étape 4 : La personne que j'avais eue avait dit à sa hiérarchie directe qu'il y aurait plusieurs fleurs (c'est vrai que 2 fleurs, c'est plusieurs).

Hypothèses de l'étape 5 : La personne précédente avait transféré elle aussi l'information à la personne au-dessus en disant qu'il y aurait beaucoup de fleurs (c'est vrai que plusieurs, c'est parfois beaucoup).
Hypothèse de l'étape 6 : La personne précédente avait transféré elle aussi l'information à la personne encore au-dessus en disant que ça ferait presque comme dans la publicité.

Mais je ne sais par quel miracle, la première personne a eu un doute (sûrement à cause des bruits de couloirs disant que ça allait être « comme dans la pub ») et m'appelle. Je lui explique qu'elle avait validé les deux fleurs ! Elle me dit que non… et le sol s'ouvre sous mes pieds quand je me rappelle qu'elle me l'a confirmé à l'oral, par téléphone. Leur mauvaise habitude de m'appeler tout le temps m'a fait perdre un réflexe que les indépendants connaissent bien : toujours faire un recap' par e-mail de ce qui s'est dit lors d'un rendez-vous physique ou téléphonique.

Mais le fait de dire que je ne vais plus faire la prestation, sincèrement épuisé par eux, la fait paniquer à son tour. Elle trouve alors les mots pour me faire rester et je pars me coucher… sans avoir le moindre doute que tout allait être pire le lendemain.

Nous nous retrouvons dans les coulisses avec Julien. Nous n'avons vu personne de chez NoName durant la préparation et les répétitions de l'après-midi, je dois avouer que ça n'était pas pour me déplaire. Nous entendons le brouhaha du public qui entre et s'installe. Un discours commence, après ça sera à nous. Julien le vit mieux que moi car il n'est pas le prestataire direct mais il me soutient beaucoup dans ce que je vis. Je pense qu'il ne m'a jamais vu comme ça. Stressé. Anxieux. Persuadé que nous allons nous planter.
Une dirigeante de NoName vient en coulisse me saluer, elle est nerveuse également car la journée représente de gros enjeux pour eux. Elle voit les petits tubes que je vais utiliser et me balance paniquée :

« Ah non ! C'est quoi ça ? C'est pas du tout NoName ! Vous ne pouvez pas emmener ça sur scène, punaise !!! »

Il faut comprendre qu'un « ce n'est pas NoName » signifie « ça n'est pas dans l'esprit de la marque ». Mais bien sûr, alors qu'on me l'avait validé à l'oral... Alors que vous m'avez donné un budget équivalent à ce que coûterait la moitié d'un seul numéro de 5 minutes... Alors que je n'ai eu ni le temps, ni l'argent nécessaire pour créer... MAIS QU'EST-CE QUE JE FAIS ICI ?! Et je jette l'un des pots par terre avec pour seule réponse : « Et ça, c'est NoName ? Je vais tout casser et on va partir, c'est mieux » Je suis dans une tornade où se mélangent colère et culpabilité. Julien me regarde, choqué... mais compréhensif. La personne me calme un peu et me fait promettre d'aller sur scène dans une minute, à la fin du discours... et je me retrouve devant le public.

Vous imaginez aisément que ma prestation est basique. Il y a une expression pour ça : « faire le job ». Ni médiocre, ni bon. Juste le minimum. Julien et moi sortons de scène, rangeons les affaires et partons sans croiser personne, sans dire au revoir. Je suis dans un état de dépression, je déteste ce que j'ai fait sur scène, je commence à me dire que toutes les personnes de NoName avaient raison de surveiller la moindre étape vu ce que j'ai fait finalement.

Sur la route, Julien tente de me raisonner, avec plus ou moins d'écoute de ma part. Nous nous quittons et je lui demande un service : ne plus me parler de ce contrat. Je veux pouvoir construire mentalement un mur autour et le bloquer de mes raisonnements futurs, de mes émotions et de mes souvenirs. Tout cela n'a pas existé. Mais pour construire un mur, il faut d'abord préparer le terrain. Mes émotions ont transformé mes pensées en une sorte de terrain vague sous un orage de boue.

Quelques jours plus tard, je suis apaisé. Pas « bien », disons plutôt « neutre ». Je travaille sur moi pour combler les brèches que NoName a créées dans mon équilibre et je cherche à appliquer la technique de « il y a des leçons à en tirer ». Voici mon rapide débrief :
- ne plus travailler avec NoName et ne pas en reparler (bon... ce n'est pas encore une leçon très objective) ;
- tout récapituler par écrit dans mes futurs contrats et ne plus laisser des décisions prises à l'oral sans trace ;
- demander 1 000 € non remboursable à la signature des devis où je dois être créatif. Avec cet argent, faire les propositions en engageant un graphiste et un dessinateur pour illustrer exactement ce qu'il va se passer.

Il m'a fallu beaucoup de temps pour me remettre de cette période, elle a complètement ébranlé mon estime de moi, mes angoisses sont devenues réalité, et même si j'en voulais à NoName, je voyais tous les endroits où j'aurais dû agir différemment... au point que je me suis demandé si tout le problème ne venait pas de moi.

Un raisonnement erroné mais une vérité émotionnelle. Pour surmonter cette situation, j'ai vraiment pris la décision de ne plus en parler. Je n'ai pas envoyé ma facture pour le règlement final. Je ne suis pas allé à la deuxième prestation. J'ai fait l'autruche et ils ne m'ont pas appelé pour que je sois présent non plus. Je n'ai pas agi ainsi par lâcheté mais pour me protéger. J'avais par deux fois soumis l'idée que l'on arrête en voyant le mur dans lequel nous foncions et NoName a toujours su me convaincre de continuer... mais tous les problèmes que nous avons rencontrés étaient prévisibles. L'entièreté de la responsabilité qui m'a été mise sur les épaules à la fin était injuste et non recevable.

Jamais je n'en avais reparlé jusqu'à aujourd'hui, et j'ai l'impression de raconter l'histoire de quelqu'un d'autre, tellement ça me semble surréaliste d'avoir vécu cela. Mais quand j'ai repris le dessus émotionnellement et rationnellement, j'ai pu observer avec objectivité :

JE M'ÉTAIS IMPOSÉ UNE DOUBLE PEINE.

Toutes les angoisses que j'avais en amont, toute cette peur de l'échec qui m'avait nourri les semaines qui précédaient le moment de la prestation, toutes ces émotions étaient les mêmes que si l'événement n'avait pas été concluant… alors qu'il n'avait pas encore eu lieu ! Je me suis infligé le pire de ce que génère un raté alors que celui-ci ne s'était pas matérialisé. **Voici ma première peine.**

Mais imaginons que l'événement se soit bien déroulé, je n'aurais pas pu prendre une DeLorean pour aller dans le passé me dire de ne pas ressentir ça et de ne pas me juger si sévèrement. La première peine est ineffaçable. Dans la plupart des cas, nous la ressentons à tort et une fois le moment passé, on l'oublie. On oublie que l'on a vécu des journées entières, parfois des semaines ou des mois, avec toutes ces émotions négatives pour… RIEN !

La deuxième peine, c'est lorsque, malheureusement, tout ne se passe pas comme on l'aurait voulu. Au lieu d'appliquer la **philosophie du succès infini** en changeant son regard, on se prend en pleine face toute la remontée de la première peine ! On se sent alors responsable de tout, on confirme à quel point on est nul, on s'estime négativement… **Voici la deuxième peine.**

Dans mon exemple, un regard extérieur aurait vite vu que ma seule erreur fut d'être trop conciliant dès le départ. Mais un autre prestataire que moi aurait vécu le même enfer. Car nous n'en avons pas parlé mais… la prestation sur scène s'est bien déroulée ! C'est seulement aujourd'hui, dix ans plus tard, que je le vois. Alors certes, le public n'est pas entré en transe à la fin du spectacle mais les gens avaient le sourire, les applaudissements étaient présents. La double peine m'a empêché de voir cela et… techniquement… ce n'était pas un échec.

La double peine vous empêche d'être heureux, d'être efficace et vous ment quant aux résultats finaux. Elle vous aveugle tout le long du processus d'action vers votre objectif. Vous ne devez pas préjuger du résultat final mais être concentré sur l'instant présent. Lorsque vous vous dévalorisez, alors même que vous n'êtes pas arrivé au bout de votre quête, vous devenez vos pires ennemis : le juge et le bourreau.
Soyez l'inverse ! Devenez votre propre ami, félicitez-vous de relever ce défi et offrez-vous un regard bienveillant.

LE SECRET DE L'ÉCHEC DE L'AGENDA

Il peut sembler étrange de trouver un chapitre sur l'organisation à l'intérieur d'un livre comme celui-ci mais vous allez vite constater que le temps, l'énergie et le rapport au succès ou à l'échec font partie d'un ensemble. Dans mon précédent ouvrage *Votre temps est infini*[4], j'ai partagé avec vous mon expérience de procrastinateur abstinent et les solutions douces mais efficaces que j'ai pu mettre en place pour maintenir cette réalité où mon temps m'appartient pleinement. Vous êtes plusieurs dizaines de milliers à l'avoir lu, à vous être reconnus et à appliquer ma méthodologie. Il y a une chose dont je n'ai pas parlé dedans mais elle est **l'un des fondements d'un échec trop souvent vécu : la non-réalisation des tâches que l'on s'était fixées dans une journée** (qu'elles soient personnelles ou professionnelles).

J'étais aujourd'hui même au téléphone avec Éloïse, l'avocate qui accompagne ma société au quotidien. Nous parlions de ce nouveau livre et j'abordais un doute quant à écrire ce chapitre. Sa réaction sur le sujet a indirectement enclenché l'écriture de ces lignes.

Le constat est le suivant et je n'ai aucun doute sur le fait que vous allez vous reconnaître dedans. Chaque jour, vous vous fixez des objectifs de choses à réaliser. Des tâches d'ordre privé, d'autres d'ordre professionnel. Je vous demande de prendre quelques secondes pour réfléchir à la question suivante. J'ai besoin que vous fassiez cette introspection.

COMMENT DÉTERMINEZ-VOUS LE NOMBRE DE CHOSES QUE VOUS ALLEZ FAIRE DANS UNE JOURNÉE ?

Vous avez répondu ou vous avez décidé d'arrêter de chercher ? Alors passons à la suite. Il est probable que, comme l'extrême majorité, vous vous soyez dit que vous regardiez le temps que prenait chaque tâche et que vous placiez donc autant de tâches que possible en fonction de la durée de chacune *versus* la durée de votre journée. Autre option, vous notez tout simplement tout ce que vous avez en tête et qui doit être réalisé à un moment donné. C'est logique. Et ce sont les principales causes de ce que j'appelle **l'échec de l'agenda.**

L'échec de l'agenda est pour beaucoup une chose quotidienne. Il l'a été pour moi durant de nombreuses années et j'en connais ses conséquences : un sentiment de culpabilité, une déception personnelle, une perte de confiance en soi.

Mais si nous le vivons régulièrement, alors que nous avons l'impression de fournir tous les efforts pour réussir à tenir notre planning, si nous sommes si nombreux à le vivre, n'y a-t-il pas un problème sous-jacent ?

Voici comment j'ai pu identifier le problème.

Dans mon spectacle je ne fais pas appel à un metteur en scène, cela m'est très compliqué car en mélangeant l'humour, la science et le mentalisme, mon spectacle s'écrit sur trois niveaux en permanence et il est difficile de confier réellement la mise en scène à quelqu'un. La conséquence est que je manque d'un regard extérieur.
Pour compenser, je filme ou j'enregistre l'audio de chacune de mes représentations. Le lendemain du spectacle, en général dans le train qui me ramène chez moi, j'écoute la représentation et j'analyse les points faibles, les pertes de rythme, les ratés, etc., que je consigne dans un document. Une fois par mois, je regarde mes notes et j'y cherche des problèmes récurrents. Des difficultés qui ont la perversité de ne pas surgir à chaque fois mais cycliquement, une fois toutes les trois représentations par exemple.
Dans ce genre de situation, mon cerveau ne peut pas analyser de lui-même après le spectacle qu'il y a un souci quelque part, car deux fois sur trois, tout va bien. Et pourtant, régulièrement, un défaut apparaît au même endroit : il y a donc un problème de mise en scène à résoudre.

C'est de la même manière que j'ai analysé mon propre échec de l'agenda chez moi et chez les autres.

Qu'est-ce que nous ne prenons pas en compte dans la planification de notre vie personnelle et professionnelle ? Quelle erreur commune faisons-nous tous ? Ces questions m'ont littéralement hanté au point d'en faire un blocage dessus. Et, aussi étrange que cela puisse paraître, c'est en mettant de l'essence dans une voiture que j'ai eu un déclic.

Je suis dans une station-service d'autoroute, je reviens d'un spectacle et dois refaire le plein avant de rendre le véhicule. Tout en mettant de l'essence, mon regard se balade à la recherche d'un peu de nourriture mentale. Quand je n'ai pas envie de réfléchir, j'éprouve le besoin de lire et, dans ces moments-là, tout peut faire l'affaire, même la composition d'une boîte de conserve !
Je regarde les publicités que la station dispose partout et je lis les offres promotionnelles pour gonfler les pneus, refaire les niveaux d'huile, de liquide de freins ou encore de lave-vitre. Intérieurement, je me dis que ces offres devraient surtout exister aux gares de péages car c'est en entrant sur l'autoroute pour enchaîner des heures de voiture à pleine vitesse qu'il faut préparer son véhicule et en sortant de l'autoroute pour remettre tout à niveau.
Et c'est à partir de là, d'association mentale en association mentale, que je me dis que c'est incroyable comme rouler plus vite fait consommer plus rapidement les différents consommables d'une voiture. Pour 100 km parcourus à 90 km/h ou à 130 km/h, la consommation ne serait pas proportionnelle mais suivrait plutôt une courbe exponentielle.
Arrêt mental sur cette pensée. Je comprends mon échec de l'agenda par un rappel à la réalité : **l'homme est une machine.**

Notre corps est une machine organique d'une fabuleuse précision mais avec des besoins en carburant et une consommation. Que consomme-t-il ? De l'énergie ! Au sens large du terme. Quelle que soit la composition du carburant que consomme notre corps (nourriture, air et eau), il produira de l'énergie physique mais aussi de l'énergie mentale.

L'énergie mentale est beaucoup trop négligée car elle est invisible. Résolvez des problèmes complexes pendant 5 heures et pour un observateur extérieur, vous n'aurez été qu'assis sur un siège toute la journée !

Si nous consommons de l'énergie, cela veut dire que nous commençons notre journée avec un stock initial. Ce stock peut être réapprovisionné au cours de la journée par des repas, de l'eau et des pauses.

Néanmoins, nous avons tous une énergie de base qui diffère d'une personne à l'autre. Il est primordial de préciser cette variation entre les individus car cela lève une culpabilité que l'on peut ressentir à être au contact de personnes qui en ont plus que nous. Notre énergie moyenne n'est pas la même pour tous, c'est un fait. Il faut connaître la sienne, nous y reviendrons plus tard.

Une fois que j'ai compris tout cela, je me suis attelé à imaginer mon énergie comme une grosse pile, puis je l'ai dessinée sur une feuille. Cette pile était divisée en slot d'énergie. Il ne me restait plus qu'à trouver un étalonnage. J'ai cherché ce qui ne me procurait ni plaisir, ni effort particulier. Nettoyer ma cuisine ! Peut-être souriez-vous de cet aveu étrange mais c'est honnête. Lorsque je nettoie ma cuisine, j'écoute un livre audio, de la musique ou je discute. Je n'ai pas la sensation de faire quelque chose de difficile et pour autant, ce n'est pas un loisir qui me passionne. Faire un nettoyage de ma cuisine me prend environ 20 minutes et demande quand même un peu d'énergie physique et un peu de concentration. Mon étalon fut donc un slot de 20 minutes qui consommerait l'équivalent de l'effort qu'impose le nettoyage quotidien de ma cuisine.

J'ai donc divisé ma pile en nombre d'heures disponibles dans ma journée, puis j'ai divisé chacune de ces heures en slot de 20 minutes.

Une fois cette étape faite, j'ai regardé ma journée du lendemain dans mon agenda. Les tâches personnelles et professionnelles me prenaient 11 heures de ma journée. Une journée bien remplie mais raisonnable puisqu'il y avait aussi du personnel dedans. J'ai analysé chacune de ces tâches pour jauger la difficulté et la fatigue qu'elles provoqueraient, afin de les convertir en slot (un slot étant, je vous le rappelle, l'équivalent de l'énergie consommée en faisant 20 minutes de ménage dans ma cuisine).

Ce fut long, c'était la première fois que j'essayais de faire ça, mais j'étais très excité car j'avais l'impression de toucher quelque chose du doigt. J'ai découvert par exemple qu'appeler un organisme officiel pour régler un souci me prenait 20 minutes… mais deux slots ! Soit l'équivalent de deux fois mon étalon !

Une fois toutes les conversions faites, j'ai pu constater que la journée de 11 heures qui m'attendait le lendemain me prenait presque 80 slots d'énergie au lieu de 33 ! Un chiffre tellement hallucinant que j'ai cru m'être trompé ! Vous rendez-vous compte que cette journée qui rentrait si bien dans mon agenda d'un point de vie temporel allait me prendre l'équivalent de deux journées et demie d'énergie !

Il était maintenant certain que je ne pourrais aller au bout car la fatigue mentale et la fatigue physique ne permettraient pas d'assurer ce que j'avais prévu. Mon agenda était voué à l'échec avant même que ma journée commence.

Obnubilés par le temps qui passe et que nous essayons de rentabiliser, nous avons complètement oublié d'intégrer la fatigue mentale et physique dans notre système de planification. Et vous allez pouvoir changer ça dans vos vies comme j'ai pu le faire moi-même.
C'est une démarche personnelle, qui va vous demander de l'introspection mais également un changement radical dans vos journées. Si vous ne voulez plus vivre l'échec de l'agenda et ressentir cette déception et cette culpabilité, alors suivez la méthode de la pile.

LA MÉTHODE DE LA PILE

Pour commencer, je vous propose de ne le faire que sur une seule journée afin d'appréhender un peu **cette philosophie d'organisation.** Si vous utilisez déjà les astuces de mon précédent livre, vous verrez qu'elles se marient très bien avec celle-ci.

Analysez votre journée de demain et comptabilisez votre temps disponible entre le réveil et le coucher.

Déduisez de ce temps celui que vous consacrez habituellement à votre hygiène et à vos repas.

Vous obtenez donc une durée. C'est la période durant laquelle va devoir fonctionner votre « pile » personnelle ; vos énergies mentale et physique combinées.

Dessinez sur une feuille une représentation physique de ces heures. Cela peut être une représentation d'une grosse pile que vous allez diviser selon le nombre d'heures ou d'un mur de grosses briques (où chaque brique équivaut à une heure), etc.

Divisez ensuite chaque ligne de votre pile (ou chaque brique de votre mur) en trois. Ce sont vos slots d'énergie. Que vous allez consommer au fur et à mesure de votre journée. Je pars du principe qu'en faisant sur cette période uniquement des tâches personnelles et professionnelles impliquant peu d'effort physique et peu d'effort mental, alors votre pile tiendrait la journée sans problème. Mais attention, lorsque je parle d'efforts physique et mental, j'entends les efforts ressentis ! Rappelez-vous mon exemple précédent : appeler un organisme officiel me demande une grande consommation d'énergie mentale. Pourtant, il s'agit simplement de tenir un téléphone et de discuter. Mais la réalité est que je consomme 2,5 fois plus d'énergie sur cette action que la durée effectivement passée.

Répertoriez tout ce que vous devez ou voulez faire dans votre journée. Que ce soit dans votre vie pro ou dans votre vie perso.

Vous devez maintenant quantifier en slots d'énergie chaque action de votre journée, selon la fatigue physique et mentale qu'elles engendrent. Cette étape est forcément imprécise, vous allez devoir faire des estimations, mais n'ayez pas peur de vous tromper pour le moment. Cette étape est la plus importante mais aussi la plus personnelle. Vous devez être honnête. Ne vous jugez pas lorsque vous vous avouez certaines difficultés à faire certaines tâches, ne vous sentez pas ridicule. Nous avons tous une nomenclature personnelle différente avec des points faibles et des points forts.

Dans un carnet (je vous recommande un répertoire alphabétique), je vous invite à noter toutes ces tâches et le nombre de slots que vous avez attribué à chacune d'entre elles.

Passons maintenant à votre agenda de demain ! Vous devez replacer toutes les tâches que vous souhaitez faire dans votre journée mais la consommation d'énergie commence ! À chaque fois que vous placez une tâche dans votre agenda, vous devez remplir avec un crayon les slots d'énergie correspondants sur votre pile ou sur votre mur. Vous allez arriver à trois cas de figure distincts :

1. Vous avez placé toutes vos tâches et il ne reste plus de slots d'énergie.
Parfait ! Vous êtes complètement aligné. En utilisant mes méthodes habituelles sur la gestion du temps, vous pourrez accomplir sans problème votre journée. À la fin de votre journée, vous ne vous sentirez pas épuisé mentalement ou physiquement.

2. Vous avez placé toutes vos tâches et il reste des slots d'énergie de disponibles.
Parfait ! Ça n'est pas parce que de l'énergie est disponible qu'il faut absolument la consommer et la planifier. Cette énergie vous appartient et vous pouvez laisser votre agenda tel quel ou en profiter pour mettre d'autres tâches dedans.

3. Vous avez utilisé tous les slots d'énergie mais il vous reste des tâches à rentrer dans votre agenda. **Danger !** C'est le cas le plus fréquent lorsque j'explique cette méthode à quelqu'un. Pour commencer : pas de panique, c'est normal. Vous avez sous les yeux la preuve que cette journée allait dans la direction de « l'échec de l'agenda ».
Le détecter, c'est pouvoir l'anticiper. La solution que je vous recommande est donc de choisir ce que vous allez garder dans votre agenda et ce que vous allez reporter sur d'autres journées. Aussi simple que cela ? Oui, vous n'avez pas le choix. Vous allez le faire consciemment et intelligemment plutôt que – quoi qu'il arrive – finir votre journée épuisé, sans avoir tout accompli. Vous allez enfin avoir une vision claire de ce qu'il est possible et raisonnable pour vous de réaliser en une journée. Quelle merveilleuse avancée ! Plus d'échec d'agenda possible avec cette méthode.

Certaines personnes m'ont rétorqué, à juste titre, que des éléments extérieurs les obligeaient parfois à devoir utiliser plus d'énergie que la quantité disponible. Je connais bien cette situation (souvent provoquée par la vie professionnelle) et il existe une solution dont il ne faut pas abuser : **remettre du carburant dans la machine.**

Le premier carburant, c'est l'eau. Vous n'imaginez pas à quel point vos muscles et votre cerveau ont besoin d'eau. En train d'écrire ces lignes, j'ai toujours une gourde à côté de moi et dès que je ressens la moindre sensation de soif, je la compense tout de suite. Buvez chaque jour 1,5 litre d'eau minimum et le double ou plus sur les journées où vous allez dépasser votre consommation d'énergie.

Le deuxième carburant, c'est la nourriture. Ne négligez pas vos repas et augmentez les en-cas sur les journées de dépassement. Il ne s'agit pas de manger tout et n'importe quoi, vous pouvez manger quelque chose de sain et dont vous appréciez le goût. À titre d'exemple, pour une journée de promotion en

Belgique, j'ai enchaîné 4 heures de train, 3 heures de voiture, 17 interviews presse, radio, TV. Pour tenir, j'ai mangé 5 fois dans la journée (mes 2 repas supplémentaires étaient composés de fruits, de sucres lents et de sucres rapides). Refusez les boissons industrielles, l'alcool, les plats lourds à digérer et mangez des quantités raisonnables. Votre corps ne doit pas dépenser trop d'énergie pour la digestion alors que vous étiez venu au contraire faire le plein.

Le troisième carburant, c'est le sommeil. On peut extrapoler avec « repos » si vous n'avez pas l'habitude de dormir dans la journée. C'est le meilleur allié pour gérer un dépassement ponctuel car on recharge l'énergie physique en même temps que l'énergie mentale. Me concernant, une sieste de 20 minutes me donne l'équivalent de 4 slots d'énergie supplémentaire... mais puisque je dois déduire un slot pour faire la sieste, je reste bénéficiaire de 3 slots en plus. À tout moment de la journée, cherchez à optimiser et à dormir dès que cela vous est possible. Pour reprendre l'exemple de cette journée de promotion, j'ai fait 3 siestes de 20 minutes dans la journée et, le soir, j'ai simplement fermé les yeux 10 minutes dans mon canapé avant de finir la journée. Encore une fois, ce conseil ne s'applique que pour les journées où vous n'avez pas d'autres choix que de consommer plus d'énergie que ce que vous possédiez au départ. Pour les personnes qui n'arrivent pas à s'endormir rapidement pour faire une sieste, sachez que fermer les yeux dans le calme (où en mettant une musique douce dans vos oreilles) vous donnera un bénéfice également.

Grâce à cette méthode et à cette philosophie de l'énergie, vous ne connaîtrez plus l'échec de l'agenda, vous vous protégerez émotionnellement de ses effets négatifs et vous améliorerez votre estime personnelle car vous irez au bout de votre planification chaque jour.

Négliger son énergie consiste à rouler vite sans regarder la jauge d'essence en espérant que la voiture ne tombe jamais en panne d'essence... Si ce livre vous fait changer cela, alors vous supprimerez l'échec le plus fréquent et le plus récurrent de votre vie !

LE BONHEUR N'EST PAS UNE ÉMOTION

En discutant de ce livre avec Marie-Anne, mon éditrice, j'ai voulu lui donner un résumé de ma vie. Comment expliquer mon parcours personnel et professionnel en une ou deux phrases, de façon pertinente ? Ces moments d'échanges sont précieux car, en face-à-face, l'esprit travaille vite et se force à synthétiser l'agglomérat de pensées et de ressentis.

En cela, le travail de la pensée me rappelle inéluctablement le concept du temps.

Il y a **le temps imaginaire :** on peut le calculer mathématiquement mais notre cerveau ne sait pas l'imaginer car ce temps ne s'écoule pas. Il n'est pas horizontal mais vertical. Pour moi, ce temps représente la réflexion intérieure que l'on se fait mentalement.

Et il y a **le temps réel :** on l'associe à l'énergie qui nous permet de vivre, de nous déplacer, de grandir, etc. Pour moi, ce temps représente la parole.

Quand notre pensée passe du temps imaginaire au temps réel, elle transforme l'idée pour la rendre tout de suite plus précise ! Ne vous est-il jamais arrivé de découvrir ce que vous pensiez réellement en parlant à quelqu'un ? De trouver des idées en discutant ? C'est la magie du temps réel.

Je ne sais plus ce que j'avais imaginé dire à Marie-Anne pour lui faire ce résumé. Mais la phrase que j'ai prononcée fut :

« TOUT CE QUE J'AI FAIT, JE NE L'AI PAS VOULU… MAIS AU FOND, JE L'AI TOUJOURS VOULU. »

Cette phrase a plus de sens qu'elle n'y paraît. Elle signifie que je n'ai jamais eu de plan fixe, j'ai toujours été ouvert aux différentes pistes qui s'ouvraient devant moi, en restant souple mentalement et ouvert au changement. J'ai pu avoir des fantasmes, mais je n'ai pas décidé réellement que je monterai sur scène, que je ferai des vidéos, que j'écrirai des livres, etc. Même si, dans le fond, j'ai toujours voulu faire ce genre de choses – être dans l'artistique et m'exprimer –, mais je n'ai jamais ardemment rêvé que ce serait ce chemin et pas un autre.

Je crois que c'est dans cette conception qu'existe le bonheur. À tort, nous associons la notion de bonheur à celle du plaisir. Mais le plaisir vient d'un pic de substances chimiques que fabrique notre corps pour récompenser le cerveau… ou l'inverse ! Le plaisir est dans le temps réel et donc par essence, lié à de l'énergie. L'énergie n'étant pas inépuisable, le plaisir est éphémère.
Le bonheur, lui, existe dans le temps imaginaire. Ce n'est pas une émotion, c'est un état d'équilibre émotionnel. On se sent bien, serein. Le mental n'est plus notre maître et nous arrivons à nous détacher de ce que l'on pourrait appeler nos réflexes cérébraux.

« Tout ce que j'ai fait, je ne l'ai pas voulu… Mais au fond, je l'ai toujours voulu. » Le message enfoui dans cette phrase est que je suis resté flexible tout au long de ma vie, dans tous les domaines d'ailleurs. Je prends les choses comme elles viennent et si une bifurcation se présente, même si ce n'était pas le but recherché, je peux l'emprunter. Ma seule condition ? « Est-ce que j'en ai envie ? »

Ce n'est pas tout à fait ma seule condition d'ailleurs. J'ai également des mantras. Pas au sens propre car les mantras sont des syllabes (ou plusieurs syllabes) que les hindouistes ou les bouddhistes (entre autres) répètent en boucle à des fins méditatives. Leurs mantras sont des formules précises mais purifiées et épurées pour ne former à la fin qu'une seule syllabe.

J'ai découvert cela à 17 ans, lors de mon année de première, et j'ai cherché ce qui me rendait vraiment heureux. Quelle était la direction à suivre et quelles étaient mes sources de bonheur ultime. Pour ma part, j'ai trouvé deux mots après des semaines de recherches : **autonomie** et **liberté.** Si vous avez lu mon précédent livre[5], vous êtes déjà familier avec ce concept et peut-être avez-vous déjà trouvé les vôtres.

Gardez à l'esprit qu'au-delà de gagner du temps et d'alléger votre charge mentale, les mantras vous assurent également de toujours rester sur les rails de votre bonheur.

MÉTHODE RAPIDE POUR TROUVER VOS PROPRES MANTRAS

Vous devez d'abord lister sur une feuille tous vos buts, tous vos désirs. Ne les jugez pas. N'en cherchez pas de nouveaux, comme si l'on vous proposait de réaliser trois vœux par magie. Notez simplement ceux qui vous habitent vraiment, auxquels vous pensez souvent ou depuis longtemps. Certains seront peut-être d'une grande précision (exemple : gagner au moins 2 000 € par mois) et d'autres seront sûrement plus abstraits (exemple : voyager plus souvent). Ne vous inquiétez pas des détails et notez sans réfléchir, avec sincérité. Il vous faudra plusieurs jours pour le faire. Je vous recommande de laisser mûrir votre réflexion une petite semaine en ayant toujours sur vous votre feuille afin d'y reporter les buts et les désirs qui vous traversent l'esprit.

Vous allez **les faire passer du temps imaginaire (votre esprit) au temps réel (le papier).** Vous allez aussi mieux vous connaître, ce qui est essentiel quand on veut découvrir la recette de son propre bonheur.

La deuxième étape est un travail de synthèse. Vous savez maintenant que votre cerveau est associatif. Aussi, il exprime souvent les mêmes désirs (et les mêmes peurs) par des envies et des réactions qui ont l'air différentes. Pourtant, nombre d'entre elles ont un socle commun et c'est ce que vous allez chercher. Vous allez chercher à réunir plusieurs de vos buts ou désirs en une seule phrase ou même un seul mot.

Par exemple, imaginons que vous ayez noté « voyager un maximum », « acquérir de nouvelles compétences », « aller à des conférences » et « apprendre de nouvelles langues ». Vous pourriez réunir « voyager un maximum » et « apprendre de nouvelles langues » dans la phrase « Découvrir le monde » et vous pourriez synthétiser « acquérir de nouvelles compétences » et « aller à des conférences » dans la phrase « Apprendre de nouvelles choses ».

Vous allez donc réduire votre liste initiale en synthétisant plusieurs de ses notions. Mais vous pouvez mieux faire ! Si je garde mon exemple, « Découvrir le monde » et « Apprendre de nouvelles choses » se résument en un seul mot : « EXPÉRIENCE ». Et là, vous obtenez un mantra ! Vous savez à ce moment précis que tout ce qui vous fait faire l'expérience de quelque chose de nouveau alimente votre bonheur.

La fin est lorsque vous avez fait cet exercice jusqu'à n'obtenir que deux ou trois mots purs, dont deux d'entre eux ne peuvent pas être résumés par un seul mot global. Ces mots seront vos mantras personnels et vous guideront dans vos décisions. Ils vous aideront à voir si vos choix sont alignés avec ce qui vous procure vraiment du bonheur. Ils ne sont pas simples à trouver mais il n'y a pas de difficulté majeure. Un peu de temps, d'introspection et de réflexion pour un outil qui vous servira toute votre vie !

Voici un exemple concret. Il est volontairement différent de celui de mon précédent livre[6] pour que vous puissiez vous inspirer des deux si besoin. Il est très simplifié dans le sens où je n'ai volontairement noté que quelques exemples de buts et d'objectifs.

EXEMPLE SIMPLIFIÉ

Liste de buts et d'objectifs

Devenir le numéro un dans mon domaine
Mettre ma famille à l'abri
Ne plus subir d'injustice
Avoir du temps pour moi
Trouver le grand amour
Avoir de gros revenus stables
Travailler dans le domaine qui me plaît le plus
Être respecté

Premières notions de synthèse

Être le chef de famille d'une famille heureuse
Être reconnu comme leader
Ne pas être responsable de tout ce qui arrive
Ne pas avoir de manque matériel
Prendre du temps pour moi
Découvrir ce que je ne connais pas

Deuxièmes notions de synthèse

Être soutenu
Être reconnu pour des faits
Expérimenter qui je suis
Être un bon chef de famille
Ne pas avoir de contraintes liées au matériel
Faire ce que je veux au travail

Troisièmes notions de synthèse

Vivre dans le respect mutuel
Être indépendant du matériel
Travailler pour moi

Mantras de synthèse

RESPECT
INDÉPENDANCE
DIRIGER

Mantras finaux

AUTONOMIE
RESPECT

Une dernière précision. Trouver vos mantras implique ensuite que vous devenez responsable. À chaque fois que vous prendrez une décision n'allant pas dans leur sens ou, pire, allant à l'encontre de vos mantras, vous en serez à l'origine. Une fois que vous connaissez les fondements purs de ce qui vous rend heureux, il ne dépend que de vous de prendre cette direction pour tout ce que vous faites.

Bonne recherche ! Ne la négligez pas, ce que vous trouverez est l'un des meilleurs cadeaux que vous pouvez vous faire.

LA QUÊTE DES SENSATIONS POSITIVES

Puisque le bonheur est caché, il y a fort à parier qu'il ait laissé quelques indices sur sa route. Comme le Petit Poucet, nous cherchons alors à suivre le chemin de cailloux blancs pour trouver notre bonheur. Et quoi de plus logique que de se dire que le bonheur se trouve dans ce qui nous fait plaisir ? D'ailleurs, il semble que la notion de réussite soit associée à celle du bonheur et donc du plaisir. Les émotions fortes sont offertes par quelques-unes des substances que fabrique notre cerveau qu'on appelle « substances endogènes ».

Quatre d'entre elles sont notables : **l'endorphine, la dopamine, l'ocytocine et la sérotonine.** Elles ont pour mission, entre autres, de transmettre des informations à nos neurones ou à nos organes. Pour ces quatre-là, l'information est une sensation forte de plaisir, de bonheur. Elles sont néanmoins délivrées dans des cas bien précis.

L'estime de soi : la sérotonine !

C'est une substance très importante, peut-être même la plus intéressante à observer car sa présence provoque un changement d'humeur mais son absence également. La sérotonine contient donc notre humeur sur un spectre allant de l'irritabilité à l'optimisme intense.

Notre cerveau nous délivre de la sérotonine lorsque nous nous sentons estimés par les autres et lorsque nous nous estimons nous-même. Vous pouvez également booster cette sécrétion par une activité sportive ou en allant régulièrement au soleil !

Maintenant réfléchissons... Notre cerveau – en tant que simple organe – ne juge pas ce que vous faites. Il n'a pas d'échelle de valeur pour classer vos réussites. Il ne prend en compte que votre jugement à vous et votre ressenti. Aussi, si pour avoir une bonne estime de vous, il vous faut accomplir des exploits herculéens, alors vous n'aurez pas votre dose de sérotonine. Mais si, quotidiennement, vous tenez à jour un cahier, une note ou une page de votre Bullet Journal dédiée à vos accomplissements, alors vous pouvez devenir maître de votre humeur !

C'est exactement ce que j'ai découvert, compris et appliqué à partir de 2015. Dans mon téléphone, j'ai une note où je rentre au fur et à mesure de l'année toutes mes petites fiertés, les choses dont je suis content, qu'elles soient personnelles ou professionnelles. Tout ce qui peut nourrir une estime positive de qui je suis. En parallèle, chaque jour, en rentrant chez moi ou en me couchant, je me remémore tout ce que j'ai mené à bien dans ma journée : pas besoin que ce soit de grands exploits, parfois il s'agit juste d'être à jour dans l'entretien de mon linge sale ! Cette habitude maintenant ancrée est le point de départ de la fabrication de sérotonine nécessaire pour maintenir une humeur neutre ce qui, par extension, me permet d'être ensuite flexible mentalement.

À vous maintenant d'appliquer cet outil, de diluer vos pulsions négatives, les sentiments d'irritabilité et d'impulsivité dans un torrent interne de sérotonine. Lorsque vous noterez mentalement ou sur papier vos petites victoires du quotidien, vous ressentirez votre respiration plus profonde, une certaine légèreté et peut-être même un début de sourire non contrôlé !

Le plus merveilleux dans ce système, c'est qu'à force de répétition, vous allez donner une nouvelle grille de lecture à votre esprit et c'est votre cerveau qui va commencer à automatiser ce processus sans que vous ayez constaté consciemment quelque chose dont vous êtes fier.
Commencez maintenant !

Le confort : l'endorphine !

Sûrement l'une des hormones les plus connues, du moins de nom. Mais qu'est-ce que vraiment que l'endorphine ? Appelée hormone à tort, il s'agit plutôt d'une protéine car son effet a une durée de vie limitée. C'est d'abord un antalgique puissant et naturel, mais également un allié pour se sentir moins stressé, moins anxieux, plus détendu. Les endorphines s'attachent d'ailleurs aux mêmes récepteurs que ceux qui reçoivent... la morphine ! Notre cerveau en produit à longueur de temps mais certains stimuli peuvent accélérer cette production avec une véritable sensation de plaisir immédiat. Vous en recevez de grandes quantités lorsque vous mangez un aliment gras, lorsque vous faites l'amour, lorsque vous riez, mais également lorsque vous faites du sport (durant au moins 30 minutes). Les sensations sont tellement agréables au moment où l'endorphine déferle comme une vague, que certaines personnes deviennent addicts au sport ou au sexe pour continuer d'en recevoir par pics.

L'intérêt de l'endorphine est à mon sens dans le fait de diminuer le cortisol dans notre corps. Le cortisol est l'hormone de stress qui nous fait sentir d'humeur négative. À vous maintenant de favoriser un taux raisonnable d'endorphine en pratiquant au moins 20 minutes de sport par semaine (dans l'idéal, essayez d'en faire une heure par semaine) et... riez !
Ne prenez pas la vie trop au sérieux pour apprécier les moments drôles de chaque journée et maintenir une production d'endorphine suffisante.

L'amour social : l'ocytocine !

Cette hormone, appelée l'hormone sociale, est délivrée dans vos interactions positives avec les autres. Vous en assimilerez en recevant de la tendresse, un câlin par exemple, mais aussi un sourire, un cadeau ou encore des compliments. Elle favorise ensuite notre propre altruisme, notre capacité à communiquer posément, même sur des sujets au potentiel conflictuel. Elle nous aide à œuvrer avec les autres pour un but commun (qu'il soit personnel, professionnel ou idéologique). Vous pouvez en recevoir très facilement en prenant quelqu'un dans vos bras quelques secondes ou en ayant même un simple point de contact physique avec la personne que vous aimez lorsque vous êtes assis quelque part.

Et le plus beau, c'est qu'en prenant votre dose d'ocytocine, vous en créez chez l'autre. N'hésitez pas également à ne pas garder les compliments que vous pourriez donner à quelqu'un, formulez-les.

Aujourd'hui, les réseaux sociaux comme Facebook ou Instagram remplissent souvent le rôle d'activateur d'ocytocine. Les likes sont perçus par votre cerveau comme une interaction sociale positive. Or, méfiance ! L'absence de likes va, par ricochet, mettre l'accent sur la sensation de manque. Vous devez être maître de vos réactions cérébrales et le meilleur moyen pour cela est encore de rééduquer votre esprit en secrétant l'ocytocine naturellement, celle de la vraie vie.

La réussite : la dopamine !

Dès lors que vous atteignez un objectif, que vous accomplissez quelque chose, que vous relevez un défi ou même que vous gagnez à un jeu, le cerveau vous délivre de la dopamine qui, d'une part, va vous donner un sentiment de plaisir et d'autre part, booster votre motivation car la dopamine est addictive, aussi, en recevoir donne envie au cerveau... d'en recevoir de nouveau ! Et il va vous donner les ressources pour.

Malheureusement, votre esprit ne jauge pas l'intérêt du moyen employé pour provoquer cet afflux, aussi les jeux de votre téléphone portable ont pour beaucoup été conçus pour fabriquer un automatisme cérébral qui provoque de la dopamine quand vous passez un niveau par exemple. Ce qui explique des addictions à des jeux simples comme Candy Crush. Je vous invite à consulter le très complet reportage[7] qu'a réalisé la chaîne Arte à ce sujet.

La clé de la dopamine réside dans le fait de décomposer ses objectifs. Le principe de faire des listes et de rayer les tâches au fur et à mesure est une bonne chose car, à chaque action réalisée, vous recevrez de la dopamine, donc du plaisir et de la motivation pour continuer.

Si par exemple vous devez nettoyer votre maison, notez sur une feuille toutes les actions que cela implique et barrez-les au fur et à mesure de leur réalisation.

LES ROUAGES DE LA CHANCE

Depuis que je suis jeune, je fantasme sur ce que je ferais si je gagnais au loto ! Je viens d'une famille modeste où les sacrifices de mes parents ont fait que nous n'avons jamais manqué de rien, ma sœur et moi. Mais imaginer comment un coup de bol pourrait rendre ma vie incroyable était une activité récurrente quand j'étais petit garçon. Mes trois jeux mentaux préférés étaient, par ordre de réalisme quant à leur concrétisation :

- Qu'est-ce que je ferais si je gagnais au loto ?
- Quel super-pouvoir je choisirais si je devais n'en avoir qu'un dans ma vie ?
- Quels seraient mes trois vœux si je rencontrais un génie ?

Ne croyez pas que je prenais ces questions à la légère, je réfléchissais à toutes les conséquences et je faisais des projections jusqu'à visualiser tout le reste de ma vie avec ces nouvelles données. Ce n'était pas qu'un jeu. Je me disais que si un jour l'un des trois venait par chance à se concrétiser, alors je serais prêt à prendre les bonnes décisions puisque j'aurais sérieusement réfléchi à la question. Il me suffisait donc d'attendre que le destin frappe à ma porte.

La chance, depuis mon enfance, m'a été inculquée comme une bonne nouvelle, une potentielle surprise qui peut me rendre heureux à tout instant. Je l'ai appris par les jeux de hasard, dans les films, dans les bandes dessinées où les super-héros obtenaient leurs pouvoirs du jour au lendemain et dans les contes où un personnage secondaire amenait toujours une quête ou une solution. Mais la chance prit une autre saveur lors de ma rentrée des classes en 6e...

Nous sommes au nord de La Rochelle, à Lagord, au collège Jean Guiton. Ma mère m'accompagne pour cette rentrée des classes particulière. C'est un sentiment spécial pour un enfant qui quitte 5 ans dans un environnement où il faisait partie des plus « vieux » pour devenir un des plus « jeunes » de ce qui ressemble presque à une ville : le collège ! Plusieurs bâtiments, des étages, une cour de récréation qui n'en finit pas, des entrées et des sorties dans tous les coins. J'ai le souvenir précis d'avoir comme seule angoisse celle de ne pas trouver mon chemin dans ce dédale de portes. Nous nous approchons d'un regroupement, l'appel va commencer et je vais savoir dans quelle classe je vais être et où je vais aller pour la journée. Ma mère me tient la main et c'est très bien ainsi ; je n'ai jamais eu de période dans l'enfance ou dans l'adolescence où mes parents me faisaient « honte », j'aime ma mère et j'étais bien content qu'elle soit là le premier jour.

C'est pourtant le moment de la quitter pour suivre ce qui va devenir ma classe et monter au premier étage du bâtiment le plus proche. Je suis soulagé car le trajet est très simple à retenir pour pouvoir repartir quelques heures plus tard sans me perdre. Je m'assieds dans une salle dédiée à l'anglais et notre professeure principale se présente. Elle nous explique nos responsabilités, que nous allons avoir un professeur par matière, que nous devrons nous rendre nous-même dans les différentes classes, que nous devrons noter les devoirs et nous organiser de manière autonome. Je me sens mal. Très mal. Je n'aime pas le changement et tout fonctionnait bien pour moi avant : pourquoi changer ? Quel intérêt ? Mais je n'ai pas mon mot à dire et je n'ai pas envie de me faire remarquer en partageant ce genre d'états d'âme.
Afin que mes camarades et moi nous nous rencontrions plus facilement, notre professeure organise un tour de table où chacun doit se présenter brièvement, dire son nom, son âge, l'endroit où il habite et le métier qu'il aimerait faire plus tard. Vient enfin mon tour que j'aborde avec le sourire. Parler en public ne m'a jamais causé de véritable problème tant que je maîtrise mon sujet, alors parler de moi n'est pas le plus compliqué. Je me lève et dis :

« Je m'appelle Fabien Olicard, j'ai 10 ans car mon anniversaire n'est pas encore passé, j'habite à Marsilly et plus tard, j'aimerais être informaticien. »
Et ma professeure principale me répond alors :
« C'est original, j'espère que tu auras la chance de pouvoir le faire. »

Le côté « original » ne vous saute pas aux yeux mais l'ordinateur personnel est une denrée rare en 1993. Les modèles existants tournent en majorité sous Windows 3.1 dont les utilisateurs vantent les mérites du programme Paint... Autre époque, autre échelle d'émerveillement.

Je me rassieds sur mon siège et je reste un peu sonné. La phrase que ma professeure a formulée est rentrée dans mon oreille et a lancé la phase associative et comparative de mon cerveau. C'est le fonctionnement naturel de la réflexion humaine, toutes les données sont comparées puis associées à d'autres déjà présentes en nous. Mais à ce moment-là, un bug a véritablement eu lieu dans mon esprit : « Pourquoi devrais-je attendre de la chance pour exercer le métier que j'aimerais faire ? » Pour gagner au loto, rencontrer un génie ou obtenir un super-pouvoir je veux bien, mais pour travailler dans le domaine que je souhaite ? Ça n'avait pas de sens logique et cette pensée commença à tourner en boucle dans ma tête de petit garçon un peu trop obsessionnel...
Je n'étais pas du tout d'accord et je refusais d'admettre que la chance, le destin ou le hasard aient quoi que ce soit à voir avec le domaine dans lequel je travaillerai. Ce que je ne savais pas, c'est qu'en réfutant cette phrase anodine, j'étais en train de provoquer l'acceptation de quelque chose de beaucoup plus fort, plus réel et plus vertigineux : **« Je suis responsable de tout ce qui fait ma vie. »**
Mais comme vous l'avez compris, mon cerveau a cette fâcheuse tendance à ne pas s'arrêter et en rentrant chez moi par le bus, au lieu de réfléchir à cette première journée dans un environnement complètement nouveau, je réfléchissais aux conséquences de cette découverte.

J'attendais depuis longtemps pour pouvoir m'acheter un jour un ordinateur, économisant chaque franc que je recevais ou que je gagnais, sachant que mes parents n'avaient pas les moyens de faire un achat aussi important. Les ordinateurs de l'époque coûtaient l'équivalent de deux mois de salaire pour des configurations standards. J'étais attiré par l'informatique sans vraiment savoir faire fonctionner un ordinateur ou un logiciel. Mais si j'étais responsable de tout ce qui fait ma vie, alors j'étais aussi responsable de ne pas savoir me servir d'un ordinateur. Le fait de ne pas en avoir et de ne pas pouvoir en acheter devenait une simple excuse si la responsabilité me revenait, si la chance ou la malchance étaient enlevées de l'équation. Je me suis donc précipité à la bibliothèque de mon village pour prendre quelques manuels sur l'informatique et j'ai demandé à ma mère de m'abonner à un mensuel (ce mensuel, *Windows magazine*, était en plus livré avec deux disquettes remplies de programmes que je ne pouvais donc pas utiliser !). Elle accepta et cet abonnement devint l'un de mes cadeaux d'anniversaire pendant quelques années.

Au bout d'un an à potasser avec curiosité les livres que j'empruntais et les magazines que je recevais, j'avais des connaissances plus complexes sur les ordinateurs… que la plupart de ceux qui en possédaient ! Et c'est ainsi que l'année d'après, je commençais à donner des cours d'informatique à domicile dans mon village, y compris à l'adjoint au maire. Imaginez-vous bien que la première fois que j'ai touché un ordinateur, ce fut pour expliquer à quelqu'un comment régler un petit problème et lui donner un cours d'une heure.
Ces cours à domicile ont duré un an et je mettais tous les pourboires que l'on me donnait dans une cagnotte. À mon entrée en 4e, deux ans après avoir entendu ma professeure principale me parler de « chance », mes parents m'ont annoncé qu'ils allaient rajouter l'argent qui me manquait pour acheter mon propre ordinateur. Et ce n'est pas de la chance ! Je pense que les deux années qui ont précédé ont démontré à mes parents l'intérêt, la connaissance et la passion que je portais au domaine de l'informatique et à ses possibilités. Pendant tout

ce temps, j'ai mûri ce qui est devenu mon super-pouvoir : « Je suis responsable de tout ce qui fait ma vie. » Cette phrase élimine le concept de chance mais elle pourfend aussi celui de malchance. C'est la partie la plus dure à admettre et elle demande justement au mental de s'étirer pour s'assouplir encore plus.

Si je suis responsable de mes bonheurs, je deviens aussi nécessairement responsable de mes malheurs. Mais heureux et malheureux ne sont que des adjectifs que l'on colle à des choses, des événements, des actions, etc. Ce sont aussi des étiquettes que l'on colle sur la réalité et nous allons ensuite percevoir cette réalité en fonction de cette étiquette. Dans d'autres cas, nous ne collons pas l'étiquette nous-même et c'est une personne, un groupe de personnes ou la société qui nous explique que ceci ou cela doit être considéré comme heureux ou comme malheureux. Comme chanceux ou malchanceux.

C'est donc au collège, grâce à cette phrase commune lancée par ma professeure principale, que j'ai commencé à avoir une humeur plus neutre, à devenir plus autonome et à être proactif. Impossible de faire marche arrière.

Plus que de comprendre que vous êtes responsable de tout ce qui fait votre vie, plus que de l'admettre, vous devez atteindre le stade où vous l'acceptez. Votre mental va d'abord essayer de vous en empêcher, de tourner cette idée en ridicule, voire de vous faire oublier cette évidence. Vous devez prendre les rênes et les tenir fermement. Cette idée de responsabilité peut faire peur car lorsque vous verrez les étiquettes « malheur », « malchance » ou encore « injustice » autour de vous, un sentiment de colère ou de culpabilité pourra vous envahir. Mais vous devez refuser ces étiquettes car savoir que l'on est responsable de toute sa vie, c'est aussi accepter qu'elles n'existent plus.

Tout doit redevenir neutre autour de vous, au moins dans un premier temps. N'ayez pas peur de ce super-pouvoir, c'est l'une des bases de votre réussite autant que de votre bonheur et nous allons voir dans ce livre comment vous en servir.

LES ÉMOTIONS ENVOIENT DE PUISSANTS SIGNAUX

La sensation de bonheur ou plus simplement de sérénité est la position mentale et émotionnelle dans laquelle nous sommes faits pour vivre. Toutes les autres positions telles que l'angoisse, la colère, la peur, la tristesse, la mélancolie, la culpabilité, etc., ne sont que des informations et des signaux que notre inconscient nous envoie afin que nous comprenions une situation selon notre grille de lecture. Cette grille de lecture qui s'est autoformée dans notre cerveau.

Tout d'abord, vous avez commencé à le comprendre, cette grille de lecture est complètement partiale et bourrée d'erreurs. Il ne faut pas subir ces émotions comme des fatalités mais bien comme une information dont vous pouvez tenir compte... ou pas !

Devez-vous vivre les émotions négatives ?

Selon l'essayiste Anthony Robbins, nous subirions majoritairement 14 émotions négatives : **la peur, la colère, la culpabilité, la déception, la douleur, la honte, la solitude, l'angoisse, la frustration, le mépris, la rancune, l'ingratitude, la tristesse et la jalousie.**

Devons-nous pour autant les vivre ? Cette question se pose vraiment. À chaque fois que je lis un article de magazine sur la gestion des émotions négatives, on m'explique qu'il faut les refuser, les laisser passer, les faire disparaître. C'est très joli sur le papier mais si vous aviez cette capacité spontanée,

« LA VIE, CE N'EST PAS
D'ATTENDRE QUE
LES ORAGES PASSENT,
C'EST D'APPRENDRE
À DANSER SOUS
LA PLUIE. »

SÉNÈQUE

vous ne seriez pas en train de lire ce livre et je n'aurais pas mis tant d'années à développer toute cette méthode !

La réalité est que l'on est imprégné par ces différentes émotions, comme une éponge qui se gorgerait d'une eau trouble. Nous sommes faits pour ressentir ces émotions par une chimie tout aussi précise que celle du plaisir que je vous expliquais au début de cette partie. Alors comment lutter ? Et devons-nous le faire ?

Revenons quelques secondes sur le concept du présent. Lorsque vous êtes mentalement dans le présent, vous êtes toujours conscient de ce qui vous arrive. La conscience des émotions est la première marche pour vous dissocier d'elle et la traiter comme elle est : une information. C'est mathématique, c'est logique et pourtant, quand vous le ferez pour la première fois, cela va vous sembler magique. Comme si l'on vous décollait un poids un peu lourd posé sur votre poitrine.

Une fois conscient de l'émotion que vous sentez arriver, ou qui est déjà là, vous prenez connaissance consciemment de cette information. Exemple : cette situation me rend très en colère.

Et c'est maintenant que les règles changent !

VOULEZ-VOUS FAIRE L'EXPÉRIENCE DE CETTE ÉMOTION ?

C'est une vraie question. Il n'y a pas de mauvaise réponse.
Vous n'êtes pas obligé d'essayer de la faire partir dès que vous la ressentez. Vous pouvez décider de manière rationnelle – ou irrationnelle d'ailleurs – que vous souhaitez faire l'expérience consciente de cette émotion. Vous avez le droit d'être triste si vous vous l'êtes autorisé pleinement. Je ne parle pas de pleurer, qui est un signal de grande tristesse instantanée, je parle par exemple d'être mélancolique pendant plusieurs heures d'affilée. C'est votre choix, il vous appartient.

Lorsque la chimie de votre cerveau vous fait parvenir une émotion, que vous la détectez consciemment en étant dans le présent, que vous l'analysez en vous décentrant, alors vous avez le droit de faire ce que vous voulez.

Ni moi, ni personne n'a le droit de vous dire quoi en faire, seulement de vous inciter à l'observer d'abord plutôt que de la subir. Car laisser une émotion vous envahir sans faire cette si simple manœuvre mentale revient à laisser quelqu'un prendre les commandes de votre mental pour y mettre les filtres de la réalité qu'il souhaite.

Vous avez le droit de vivre des émotions négatives, consciemment, pour parfois simplement en faire l'expérience, et d'autres fois, pour vous rappeler à quel point l'état de neutralité est agréable. Je peux tout à fait convenir que certaines personnes ont parfois besoin de ressentir quelques frissons pour mieux apprécier ensuite la chaleur.
Car en réalité, l'arrivée d'une émotion n'est pas contrôlable. Elle s'impose à vous et c'est seulement une fois qu'elle est présente que vous pouvez agir. Vous ne devez pas culpabiliser de ce que vous ressentez mais au contraire vous ouvrir à accepter qu'une émotion vous envahisse. Ensuite, vous pourrez l'atténuer et la laisser passer.

À noter qu'il y a un cas particulier où vous pouvez prévenir l'arrivée de ces émotions. Celui où vous n'avez pas de levier.

Vos leviers sont vos forces

Pourquoi, fondamentalement, vous ne devez pas perdre votre temps et votre énergie sur ce que vous croyez être un échec ou une réussite ? Parce que cela fait partie du passé, vous avez envie de me répondre… mais qu'est-ce que cela signifie réellement ?

Le passé ne vous appartient plus, vous ne pouvez pas le changer. Vous n'avez aucune marge de manœuvre pour changer ce qui a été. Vous ne pouvez qu'observer au mieux, tirer des conclusions, juger *a posteriori* mais il n'existe pas d'outil vous permettant d'agir dans le passé. Cela signifie donc que vous n'avez aucun levier pour agir. Voilà pourquoi je vous demande de regarder en direction du prochain essai, de la prochaine émotion, car c'est le seul endroit où vous pouvez actionner des leviers qui auront un impact.

J'appelle cela les leviers car, en adoptant cette philosophie, vous utiliserez mon jargon. Il n'est pas choisi pour faire joli, ni par hasard. Comme nos pensées marchent par association, les mots font raisonner des sens et des concepts dans nos différentes strates cérébrales. Le terme levier nécessite une action mécanique et une telle action demande de la force et de l'énergie, ce qui veut dire par extension que cette action provoque de la fatigue.

Les émotions négatives carburent à l'énergie mentale et physique. Les laisser vivre fait descendre votre jauge d'énergie au point que vous ne pouvez plus faire autre chose que de vivre cette émotion. Mais si en plus, cette énergie est dépensée à un endroit où vous n'avez pas de levier à actionner, alors vous vous épuiserez sans aucun résultat possible...

Cela est valable pour le passé mais aussi pour le présent.

N'usez pas votre énergie à perte sur des choses qui ne dépendent pas directement de vous.

Si demain, je dois faire un spectacle en extérieur et que la pluie se met à tomber, je vous le dis franchement, je ne le vivrai pas mal. Je n'ai aucun pouvoir sur la météo, aucun levier à actionner. Les gens qui me sont proches savent à quel point je suis d'humeur égale dans ce genre de situation. Je vais voir au contraire comment reporter ce spectacle dans d'autres conditions, à une date ultérieure, car ici j'ai des leviers potentiels.

Si demain, je perds ma montre, à laquelle je tiens, sans avoir aucune piste pour la retrouver, alors je resterai aussi d'humeur égale. Je vais l'accepter sans problème. Je vais me tourner vers le futur pour voir quand et comment je peux la remplacer si nécessaire.

Un dernier exemple, je suis en train de terminer ce livre durant la période de confinement de mars 2020 liée au COVID-19. Pour faire court, la moitié de ma tournée est en stand-by. Toutes mes conférences également, les opérations avec des marques sont avortées, les publicitaires ont retiré leurs budgets de YouTube et de Facebook, les ventes de mes livres et de mon magazine semblent congelées. Et pourtant, cela ne m'impacte pas émotionnellement, malgré la perte de 33 % de mon chiffre d'affaires annuel (pour le moment). Je suis d'humeur neutre. Parce que je n'ai pas le temps et l'énergie pour cela. J'ai accepté actuellement ces nouvelles données et, comme le vieil homme du conte (voir p. 42), je ne sais pas si c'est une mauvaise ou une bonne chose. Ce sont juste des réalités factuelles sur lesquelles je n'ai aucun levier.

Nous avons, avec Fanny[8], reporté toutes les dates de tournée. Nous avons, avec Loïc[9], tourné assez de contenu pour continuer les vidéos pendant deux mois. Nous avons activé tous les leviers sur lesquels nous avions les mains posées. Les zones sans levier ne m'intéressent pas, je n'y porte aucune attention, aucune émotion.

Votre énergie, qu'elle soit mentale ou physique, est ce qu'il y a de plus précieux en vous. Réguler votre humeur, vivre les émotions qui sont seulement nécessaires, vous préservera de la perdre inutilement.

La météo ou la pandémie sont des réalités objectives qui nous obligent à plus de souplesse, de changements. Se sentir concerné et ne dépenser de l'énergie qu'aux endroits où vous avez des leviers vous permettra de faire de plus belles choses que si vous aviez laissé la peur ou la frustration aux commandes.

LA THÉORIE DU GÂTEAU

Nous vivons dans le temps réel, celui qui s'écoule en permanence depuis notre premier jour sur cette planète. Le temps est fléché et pointe dans trois directions : le passé, le présent et le futur.

D'un point de vue général, il est bon d'ancrer votre mental dans le présent pour être le plus possible à votre place mentalement. Être dans le présent permet de ne pas subir ses propres croyances cérébrales (qu'elles soient conscientes ou inconscientes) par une obsession du passé plus ou moins proche avec soit des regrets, soit de la nostalgie. Être dans le présent permet également de ne pas se focaliser sur le futur à travers le prisme de nos peurs ou de nos espoirs.

Cela demande de lâcher prise. Et pour atteindre ce lâcher-prise, il vous faudra une chose primordiale : le comprendre vraiment.

Afin de vous aider, voici un exemple concret.

Votre but est de faire des gâteaux. C'est une chose qui vous plaît et que vous aimez partager avec les autres. Peut-être même qu'au fond de vous, vous aimeriez que ce soit votre activité principale... Le fait est que vous avez déjà réalisé quelques gâteaux dont vous étiez satisfait et que vous êtes en train de réaliser le prochain.
Mais, après l'avoir terminé, il ne vous satisfait pas complètement. Certes, les autres personnes n'ont rien trouvé à redire, tout le monde en a mangé et certains vous ont peut-être même félicité. Mais moins que d'habitude... Et preuve que vous avez raison, il reste plus de parts non mangées que d'habitude.
Vous vous sentez triste, déçu, en colère contre vous-même et peut-être même en colère contre les personnes qui vous ont donné des ingrédients si médiocres. Vous vous dites qu'en plus « vous le saviez » et que vous auriez dû vous écouter. Que dire de la personne à qui vous aviez fait goûter la pâte et qui vous avait dit qu'elle était bonne ?

Bref, vous vous sentez abattu, un peu triste, un peu déprimé, avec en prime un mauvais coup dans votre estime personnelle. Et cette situation va durer un certain temps car, pour en sortir, il va falloir se détacher du mental qui s'accroche à ce souvenir… Car la réalité est là… Tout ceci n'existe plus ! Le gâteau et tout le reste font déjà partie du passé et ne sont qu'un souvenir de votre vie. Vous avez vécu ce que vous aviez à vivre avec. Ce qui compte maintenant, c'est le prochain gâteau que vous ferez en tirant, c'est nécessaire, des leçons de votre précédente expérience.

Remplacez le gâteau par ce que vous souhaitez, quelle que soit l'importance de cette situation. La notion d'importance est elle-même relative, la seule chose qui compte, c'est ce que vous ressentez et à quelle puissance. La règle à retenir est :

L'instant présent devient rapidement votre passé, ce qui compte est l'instant que vous vivez vraiment et les ouvertures que vous offre le futur. Que pouvez-vous faire maintenant, dans le présent, qui importera pour le prochain moment ? Car si vous restez trop longtemps sur ce que vous croyez être le moment actuel, vous serez déjà dans le passé…

Concentrez votre émotion sur ce qui arrivera pour vos pensées et vos actions actuelles. Mais pour « vouloir vraiment », vous n'avez qu'une étape à réaliser, d'un point de vue conscient et inconscient, comprendre vraiment pourquoi seuls les moments présents et à venir ont un sens : car il n'y a qu'à ces endroits que vous pouvez utiliser un levier…

La dernière étape, une fois que vous avez compris en profondeur ce qu'est le lâcher-prise, c'est de le vouloir vraiment. Il ne tient qu'à vous de le décider.

LA ROUTE N'EXISTE PAS

Le titre de ce chapitre ressemble à s'y méprendre à un hommage au film *Matrix*. Peut-être que c'est le cas et qu'il s'est imposé à moi par des connexions mentales que je n'ai pas conscientisées.

Les trajets ont toujours été des moments particuliers dans ma vie. Je me souviens d'une phrase de George Clooney dans le film *In The Air* qui disait : « Le mouvement, c'est la vie. » Je crois surtout que le mouvement occupe assez nos sens pour que puissions en même temps rentrer en introspection mentale faire des projections, réfléchir et établir des sortes de simulations du futur.

Ce que j'appelle « simulation » est en réalité assez proche de la rêverie. À bien y penser, les bébés, les enfants et les adultes ont cette même propension à se laisser aller à rêvasser quand ils sont dans un transport… dont ils ne sont pas les conducteurs, cela va de soi ! Je n'échappe pas à cette règle mais j'essaie d'utiliser ces moments spéciaux où le cerveau créatif rencontre le cerveau analytique, pour tirer une pensée complète sur un sujet.

Nous sommes en 2009 et je suis sur un bateau qui fait route vers le port d'Istanbul. Nous sommes en pleine mer Noire qui s'exprime avec un vent à force 8 ce jour-là ! Pour vous donner une idée, les vagues se dressent devant nous jusqu'à 7 mètres de haut et la prochaine étape, force 9, nous obligerait à porter nos gilets de sauvetage en permanence. J'ai une chance inouïe qui est de ne plus avoir le mal de mer depuis que je suis adulte, je ne redoute donc pas les creux de vagues associés au tangage mais, par mesure de précaution, je ne mange que des pommes.

Pensez à moi quand vous devrez faire du bateau, les pommes sont très digestes et restent où elles doivent être : dans votre estomac ! De plus, elles vous hydratent car boire un liquide sur une mer agitée n'est pas une bonne idée… Le liquide ne sera pas plus stable dans votre corps que dans la bouteille qui le contenait au préalable.
Mais avec cette puissance marine, il y a une chose que personne ne peut maîtriser : la tête lourde à chacun des mouvements verticaux du bateau. Comme lorsqu'une voiture accélère et que vous êtes collé à votre siège. Alors attendant sagement l'heure où je vais devoir me produire sur scène… Attendez ! Je ne vous ai pas expliqué ? Je suis à ce moment-là un artiste embarqué à bord !!! Pour faire simple, j'ai une cabine pour accompagner la croisière pendant 10 jours et je touche un cachet confortable mais, car il y a toujours un « mais », je dois justifier de tout cela en une soirée de 45 minutes sur scène. Les croisières ont de particulier que si, ne serait-ce qu'un passager du navire vient assister au spectacle, alors spectacle il y a, quelles que soient les conditions. Et devinez quoi ? Il y a toujours un passager qui vient voir le spectacle.

J'attends donc l'heure du spectacle en m'allongeant dans ma cabine pour ne pas avoir à gérer mon équilibre et ma tête si lourde. Je laisse mon esprit divaguer et je me pose une question simple : où irons-nous s'il s'avère qu'il devient trop compliqué d'atteindre Istanbul ? Je me dis que l'on fera sûrement

un détour vers un port plus protégé et plus proche, quitte à rejoindre Istanbul par la terre pour repartir en avion si la météo ne redevient pas plus calme.
Après quelques minutes à peine, la rêverie s'est transformée en simulation des possibles. Dans un état dédié au repos, dans cette tempête et ses vents de 40 nœuds, mon cerveau mélangeait le créatif et la logique pour entrevoir les futurs potentiels. Mais l'heure du spectacle approchait et je restais accroché par un filin à la réalité de l'endroit où j'étais et du temps qui passait. C'est à ce moment précis que j'ai extrapolé quelque chose qui m'a fait comprendre mon passé et mieux appréhender mon futur.

La route n'existe pas.

Je suis ensuite allé faire mon spectacle, devant les deux seuls passagers ayant voulu venir malgré le tangage du navire. C'était un moment incroyable car la scène a cette magie de nous rendre invincible le temps d'une représentation. Nous avons vécu un vrai moment unique et je suis ensuite allé me rallonger en cabine. Lorsque la mer s'est calmée, durant la nuit, je me suis endormi si fort qu'une corne de brume ne m'aurait pas réveillé !

Mais quelles avaient été mes pensées lorsque je me suis allongé avant de jouer ? J'étais complètement brassé, un peu dans un état de conscience altéré...
C'est au travers de ce moment, dans cette réflexion nébuleuse que je me suis demandé si j'accepterais d'être sur un bateau, à cet endroit, si je ne savais pas précisément pourquoi je l'avais pris, combien de temps environ allait durer le voyage et quelle était ma destination finale. Il m'a paru évident que ceci était une allégorie de ma vie, de la vie... En réalité, le voyage n'existe pas en tant que tel, quelle que soit l'aventure dans laquelle je me lance, le voyage n'est un mot qui a du sens que si je connais précisément les raisons qui me font partir dans cette aventure. Mais si je connais les raisons, alors les

étapes du voyage peuvent évoluer autant que je le souhaite sans m'affecter. Alors la destination n'a pas une importance capitale, elle peut changer tout autant que les étapes tant que la nouvelle destination est cohérente avec les raisons du départ. Le voyage est flexible. La durée sans importance. Les itinéraires multiples. Les destinations légions.

La route n'existe pas.

Cette phrase m'est clairement apparue comme de la pure logique, une vérité aussi forte que « 1 vaut mieux que 0 ». J'ai commencé à réfléchir à ce concept et à appliquer cette réalité dans ma vie personnelle et professionnelle.

Notre cerveau est fait de telle sorte que nous avons du mal à changer nos habitudes et que nous n'aimons pas changer d'avis. C'est un constat et cela demande des efforts mentaux pour créer de nouvelles connexions neuronales nous permettant de changer d'opinion ou d'admettre que l'on s'est trompé. Notre esprit n'aime pas douter, il aime avoir des certitudes. Cette attitude génétique a nourri la société qui a elle-même nourri cette certitude individuelle. Il est aujourd'hui naturel et marque de force mentale de rester tête baissée dans une opinion ou une direction, cela envoie une image forte de sa personne... à son ego en premier lieu, puis au mental des autres personnes. Pourtant, Socrate disait que « le doute est le commencement de la sagesse ». Mais sérieusement, estimez-vous que douter soit la caractéristique première des leaders ? De celles et ceux qui mènent leur vie comme ils/elles le souhaitent ?

J'ai commencé à me dire que oui. Si le capitaine du bateau où je me trouvais était capable de modifier son itinéraire pour nous emmener à destination, alors je devais pouvoir le faire également dans tous les domaines de ma vie. Mais ça n'avait pas l'air simple avec ce fichu cerveau qui aime se pavaner dans les décisions qu'il a prises au préalable et dans les habitudes qui le rassurent.

En revanche, s'il y a bien quelque chose que je sais depuis le début de mon adolescence, c'est que ce qui me fait souffrir, quel qu'en soit le degré, réveille en moi le puissant procrastinateur qui ne dort que d'un œil... Donc si je voulais prendre une décision, une voie à suivre, au sens figuré, dans ma vie personnelle ou professionnelle, j'aurais beaucoup de mal à en changer si nécessaire, ou à simplement modifier la route qui mène là où je veux aller.

La route n'existe pas.

Et au bout de la troisième fois, j'ai compris. Si la route n'existe pas alors le début de la route et l'arrivée de la route non plus. Que reste-t-il si je supprime le début du chemin, le trajet et l'arrivée ? Il ne reste plus que les raisons du départ et le prochain voyage.

Tout est là :
La route n'existe pas, il n'y a que les raisons du départ et le prochain voyage qui comptent.

En m'attachant au pourquoi je voulais prendre tels ou tels chemins dans ma vie personnelle ou professionnelle, en comprenant sincèrement les raisons qui poussent vers ces envies, alors je pourrai comprendre l'essence de mon aventure. En comprenant les prémices et en admettant qu'elles me conviennent, je pourrai entrevoir quelle sera l'aventure suivante. Tout cela sans savoir le temps que me prendra le premier voyage ni quel sera précisément son itinéraire... Et toute la beauté est là ! Puisque je ne connais pas vraiment l'itinéraire ou la destination précise, alors je n'aurai aucune difficulté mentale à modifier le trajet, à adapter les étapes ou à changer plusieurs fois de destination. **Mon mental ne peut pas s'attacher à ce qu'il n'a pas décidé.**

« C'EST UNE CHOSE DE PENSER QU'ON EST SUR LE BON CHEMIN, UNE AUTRE DE CROIRE QUE CE CHEMIN EST LE SEUL. »

PAULO COELHO

Je pense que j'ai abouti à cette vérité car je l'ai toujours plus au moins appliquée, probablement parce que j'ai dû malgré moi inventer cette boussole que j'appelle « mes mantras » très jeune. Mais depuis que j'ai conscientisé cette manière d'aborder les étapes de ma vie, tout est devenu plus simple, plus souple, plus flexible. Je n'ai eu dès lors aucun mal à accepter de nouvelles possibilités en cours de route, j'ai pu prendre du recul à chaque moment jusqu'à parfois littéralement reculer. Sans blesser mon ego, mon mental ou mon émotionnel. Je ne suis attaché à aucune route car...

LA ROUTE N'EXISTE PAS, IL N'Y A QUE LES RAISONS DU DÉPART ET LE PROCHAIN VOYAGE QUI COMPTENT.

Dans le film *Matrix*, l'enfant que rencontrait Néo arrivait à plier mentalement une cuillère en argent car il avait sincèrement compris que la cuillère n'existait pas.
La raison de son action ? Plier la cuillère pour se rappeler dans le réel ce qu'il avait compris mentalement.
La destination ? La cuillère était la destination finale par concours de circonstances, mais s'il n'avait pas trouvé de cuillère, il aurait pu trouver des centaines d'opportunités – qui lui auraient pris plus ou moins de temps – pour matérialiser réellement la raison.

Plier la cuillère n'existe alors pas plus que la cuillère !
Et cette destination – plier la cuillère – avait moins d'importance que son prochain voyage vers sa quête.

Si vous comprenez que la route n'existe pas, que les raisons de votre départ et que l'existence du prochain voyage sont plus importants que le voyage en lui-même, alors vous n'aurez jamais de problème de flexibilité mentale sur les routes que vous emprunterez... Tout n'existe que dans l'instant, ce qui implique de ne pas se retourner inutilement sur le passé et d'avoir simplement conscience qu'un futur existe mais qu'il n'est pas écrit.

Et donc le titre que m'a soufflé mon cerveau était bien une allégorie empruntée au film *Matrix*...

ASSOUPLISSEZ VOTRE CERVEAU

ET TRANSFORMEZ VOS ÉCHECS EN GRANDES RÉUSSITES

Maintenant que vous avez abordé différemment ce que l'on vous a appris, souvent malgré vous, sur l'échec, le bonheur ou la réussite, il est temps d'assouplir encore davantage votre cerveau afin de le faire gagner en flexibilité. Rentrons dans le concret et voyons comment vous allez pouvoir commencer à changer votre quotidien personnel et professionnel.

PASSE TON BAC D'ABORD

NOTE : À l'attention de celles et ceux qui passent leur bac. L'histoire que vous lisez m'est personnelle mais elle ne constitue pas un modèle à suivre. À dire vrai, j'ai traîné ce fardeau comme une certaine honte durant des années, ayant peur que des portes se ferment… Si c'était à refaire, je m'organiserais autrement pour avoir mon bac du premier coup et faire tout le reste à l'identique. Pourquoi ne gagner que sur un seul tableau si on peut décrocher toutes les victoires utiles ?

L'histoire de mon bac est sûrement l'exemple le plus marquant de ce livre, le plus notable, à égalité avec ma première société (voir p. 143). Pour tirer un sens de mon raisonnement, il faut que je vous emmène quelques années en arrière, à une époque où vivre à La Rochelle signifiait avoir le soleil, la mer et l'amitié à quelques coups de pédales d'un vieux vélo.

Nous sommes le matin, le soleil est déjà levé et je pars de chez moi pour aller au lycée. Mon bus passe à 7 h 05, il est pourtant déjà 7 h 30 passées et je marche tranquillement dans la direction opposée à l'arrêt de bus. Je n'ai pas à me presser car je ne serai pas en retard, j'ai pris l'habitude de faire le trajet en stop. N'y voyez pas de la paresse mais simplement de l'optimisation : j'ai pu calculer et constater que je mettais seulement 15 à 20 minutes à arriver au lycée en auto-stop contre 1 heure en bus ! Je préférais donc profiter un peu plus de mon oreiller et j'ai commencé à nouer des liens avec des personnes qui me prennent régulièrement dans leur voiture. L'une d'elles, Mireille, m'a même avoué qu'elle était déçue quand elle ne me voyait pas sur sa route !
Je me dirige vers le lycée, je suis en terminale et le bac ne va pas tarder à frapper à la porte des impératifs. Je n'ai pas vraiment d'angoisse à le passer mais je m'en passerais volontiers. Je n'ai pas le désir de continuer dans le système scolaire, je passe un bac par défaut et j'ai découvert il y a déjà quelques années le monde du travail qui m'épanouit et m'enrichit beaucoup plus. Ma seule angoisse est de le rater, vis-à-vis de ma mère qui y tient énormément. De mon point de vue, cette réussite importe plus pour mon ego que pour mon futur, car avoir mon bac ou pas m'est complètement égal.

Ma vie durant cette année de terminale se partage en quelques axes tous aussi importants les uns que les autres.
Ma vie sociale tout d'abord. Relativement nouvelle pour moi depuis que j'ai découvert que je pouvais être drôle et que la fête faisait tomber quelques barrières.
Ma vie artistique ensuite. Notre groupe de musique marche plutôt pas mal et nous enchaînons les répétitions et quelques concerts.
Ma vie active, en plein essor. J'y apprends énormément de choses sociales, humaines, logiques, c'est passionnant.
Et enfin ma vie personnelle. Celle où je m'abreuve constamment de découvertes, de lectures, d'expériences, de réflexions. Tout m'intéresse et les premières connexions rapides me donnent

l'impression de pouvoir comprendre tout ce qui pourrait chatouiller ma curiosité !
Ah oui... j'en oublie un : ma vie scolaire. Je vous promets que je n'ai pas fait exprès, c'est la démonstration de l'intérêt que je porte au système scolaire cette année-là.

À vrai dire, les études pour moi sont un problème depuis le collège. Je supporte assez mal les horaires (alors que je me donne énormément quand j'ai la sensation d'être libre), la hiérarchie m'irrite dès qu'elle devient injuste (je n'aurais finalement que très peu de donneurs d'ordre dans ma vie) et je déteste perdre mon temps d'apprentissage (j'ai fait le calcul en seconde : sur 8 heures de cours, j'apprenais en moyenne l'équivalent de 3 heures 30). Comme toujours, ce qui m'intéresse me passionne, et ce qui ne m'intéresse pas a une fâcheuse tendance à ne pas exister dans ma réalité... Jusqu'au jour où je suis « prêt » à m'y intéresser. Mon cerveau a l'air d'utiliser ce système pour que je survive à cette pensée en arborescence en perpétuelle activité.

Je vous promets que ce n'est pas toujours simple d'avoir plein d'idées et de schémas possibles qui se présentent d'eux-mêmes en permanence, avec une envie de creuser dedans pour voir jusqu'où les racines peuvent aller. N'y voyez pas d'orgueil ou d'arrogance car je vous assure que la plupart de ces idées et de ces réflexions n'ont aucun intérêt ! Il est facile, *a posteriori*, de vous livrer celles qui ont du sens, mais combien de milliers sont venues m'encombrer la tête inutilement par le passé et encore aujourd'hui. J'ai d'ailleurs dû construire des murs dans mon esprit, de véritables barricades, pour dompter un peu cet imbroglio. Mais cela fera partie d'un autre livre, un jour peut-être.

Je suis donc depuis quelques années en train de fournir les efforts nécessaires pour avoir une scolarité normale, raisonnable, avec des notes très hautes dans les matières qui me stimulent (et où le professeur me stimule) et des notes catastrophiques dans les matières qui ne résonnent pas en moi.

Délégué de classe, je suis parfois amusé de voir les professeurs décrire des portraits si différents de moi entre eux, j'ai l'impression qu'ils me regardent ensuite comme si un schizophrène s'était glissé dans leur conseil de classe. Je prends toujours la parole et j'utilise mes formules magiques pour rassurer tout le monde, non pas sur moi, mais sur eux. J'ai toujours eu le talent secondaire de savoir comment rassurer les gens, je crois justement que ça vient de mon énergie neutre. Une fois libéré de leur angoisse de « suis-je un mauvais professeur », ils me laissent tranquille et passe à l'élève suivant.

Bref, les études sont pour moi une formalité obligatoire et le bac semble être la libération. Je viens d'arriver au lycée pour la première épreuve, le trajet en voiture s'est bien passé comme toujours et je vais pouvoir commencer. Il s'agit de mathématiques appliquées avec un gros coefficient. L'épreuve dure 4 heures et j'ai calculé qu'un 14/20 suffirait à combler la mécanique appliquée où calculer le point fondamental de statique d'un pont m'a toujours laissé tout aussi... statique. Je n'ai pas révisé pour une raison très simple : quel intérêt de fournir des efforts violents mais non productifs une semaine avant alors que je peux me mettre dans des bonnes conditions mentales pour ne pas avoir de stress et ne pas produire un excès de cortisol dans mon sang. En clair, j'ai passé une semaine en toile de tente sur l'île de Ré à faire de la guitare avec mes amis, Babou, Baptiste, et compagnie.

L'épreuve commence, je fais ce que j'ai toujours fait : ne pas écrire de brouillon et avancer. J'avance, j'écris, je calcule, je saute les difficultés pour ne pas perdre de temps sur ce que je ne maîtrise pas et réaliser au maximum ce que je maîtrise. Ma montre sonne. Je coupe le son immédiatement et rebouche mon stylo. La première heure vient de s'écouler. L'heure obligatoire. Je peux maintenant, si je le souhaite, partir de la salle. Et c'est exactement ce que je compte faire car figurez-vous que je travaille en tant que serveur pour le service de midi en centre-ville ! Je ne compte pas être en retard, mon job d'été en dépend...

Les journées de cette semaine se sont enchaînées ainsi, entre épreuves du bac, travail au restaurant mais aussi travail sur les marchés où je vendais des nappes en polyester (une nouveauté à l'époque). Un rapide calcul me permettait d'estimer comment avoir la moyenne magique qui permet d'obtenir le diplôme qui trônerait fièrement chez moi, un savant dosage des coefficients des épreuves *versus* mes compétences. Et bien sûr, tout cela en restant si possible uniquement durant l'heure obligatoire…

Le premier grain de sable de cette fabuleuse machine à obtenir mon bac en fournissant le minimum d'effort fut en physique appliquée. Le coefficient de 6 m'oblige à rester au moins 2 heures pour assurer quelques points. Je ne connais pas énormément de formules et je vais devoir passer par des raisonnements longs pour trouver les résultats. En arrivant, je suis épuisé par ma semaine, c'est pour cela que je croise mes bras, que je rabats ma capuche de sweat sur ma tête et que je commence à fermer les yeux 5 minutes pour faire remonter un peu la jauge d'énergie. J'ouvre les yeux… 2 heures se sont écoulées ! Pourquoi diable personne ne m'a réveillé ? Je suis attendu sur un marché pour déballer mes nappes et si je ne suis pas à l'heure, les meilleures places seront prises et ma journée de vente sera fichue. Je gratte rapidement tout ce que je peux en quelques minutes et je me lève pour remettre ma feuille et partir. Toute ma vie, je me souviendrai de M. Boots, notre CPE de l'époque. J'avais de bonnes relations avec lui et sous ses airs très autoritaires – que j'ai toujours attribués au personnage qu'il jouait –, il aimait assurément son métier et les élèves. M. Boots me regarde passer, je dépose ma feuille qui met de longues secondes à tomber sur le bureau pour former le point de départ d'une pile qui ne grandira que dans 4 heures, et je tourne les talons pour partir. Dans mon dos, j'entends à voix basse une phrase ferme, sans animosité, de M. Boots : « Olicard, vous êtes un cas désespéré. » Au vu de mon emplacement dans le gymnase où nous passions l'épreuve, il avait dû me voir dormir 2 heures, m'afférer 15 minutes, puis partir. Il était là aussi les jours précédents lorsque je partais au bout d'1 heure.

Qu'aurait-il pu penser d'autre ?

Téléportons-nous quelques semaines plus tard, au mois de juillet. Je suis débordé par le travail de vente des nappes ! Je déballe le matin sur les marchés, en étant le premier arrivé, l'après-midi dans les campings qui veulent bien m'accueillir et parfois le soir sur les marchés de nuit. Je vis en toile de tente depuis quelques semaines pour éviter de payer un loyer et le pont de l'île de Ré (puisque je fais mes meilleurs chiffres là-bas et sur le marché de Rochefort à l'occasion). Un copain de cours, que je connais assez peu, doit m'appeler pour me donner mes résultats du bac. C'est lui, il appelle. Pierrick ne m'a appelé qu'une seule fois dans ma vie : pour dire que j'étais recalé. Avec 9,83/20 de moyenne, j'étais admissible au rattrapage.

Il faut savoir qu'il existe une règle de souplesse qui permet aux élèves méritants, avec de bons dossiers, d'avoir leur bac même s'il leur manque quelques dixièmes de points. Mais lorsque je vous parlais des matières qui n'existaient pas vraiment pour moi, elles n'existaient pas au point que j'y allais très peu.

Le cas de la mécanique appliquée est révélateur. Comprenez d'abord que je n'ai jamais perturbé la classe, je faisais des choses de mon côté et même si je ne suivais pas correctement le cours, je ne le ralentissais pas non plus. Un jour où j'essayais de comprendre ce que disait le professeur, j'avais levé la main pour une notion qui, *a priori*, n'avait pas été saisie par un bon nombre d'entre nous. Sa réponse était tombée comme une gifle : « Oh, c'est marrant, Olicard fait semblant de s'intéresser aujourd'hui. » J'avais fait bonne figure... puis je lui avais reposé la question. Deuxième gifle : « Et il continue en plus, c'est rigolo. Comme vous faites semblant de vous intéresser, je vais faire semblant d'avoir répondu. » Et il continua le cours. J'avais réitéré ma question calmement, me faisant le porte-parole de ceux qui n'ont pas compris par la même occasion. Lassé des gifles, il porta alors un coup sous la ceinture : « Au moins d'habitude, on ne vous entend pas. Et si mes réponses ne vous conviennent pas, vous pouvez partir de mon cours, ça ne changera pas grand-chose. » C'est là que j'ai pris mon sac, mon blouson et c'est la dernière fois que j'ai assisté à l'un de ses cours. Je ne l'ai revu que pour les interrogations (je n'en ai jamais raté une) et pour les conseils de classe (puisque j'étais délégué).

Mon dossier n'était donc pas celui de l'élève modèle car toutes les lettres d'absences donnaient lieu, à chaque trimestre, à un avertissement d'assiduité. Ces avertissements sont de gros coups de tampons dans votre dossier qui font qu'un 9,83 au bac restera un 9,83. Pas de magie possible. Prochaine étape : le rattrapage.

Le rattrapage consiste donc à repasser une épreuve, à l'oral, sur une matière que je peux choisir. Je suis très tenté par le fait de prendre les maths que je maîtrise plutôt bien, il suffirait que j'augmente mon 14 à 15 pour avoir le sésame ! Mais à force de discuter avec mon entourage, je me laisse convaincre de choisir la matière sur laquelle j'ai vraiment péché... Vous avez deviné ? La physique appliquée où j'ai eu 3/20 ! Alors me direz-vous, d'un conseil avisé, qu'il suffit également d'un 4 ou d'un 5 pour réguler l'obtention du diplôme. Mais ça n'est pas si simple... Je ne connais pas les formules indispensables et je passe par des raisonnements complexes, utilisant les seules bases que je connais, pour arriver à mes fins... À l'écrit, cela peut faire la farce, mais à l'oral, je vais rapidement me faire boxer le cerveau par l'examinateur.

Cette dernière phrase fait à la fois office de projection et de prédiction. L'oral s'est très mal passé. Le second oral était en mécanique appliquée et je n'ai pas monté ma note non plus qui était de 9/20, pas si mal pour un élève qui ne venait qu'aux interrogations. Il aurait fallu une matière où je n'avais pas à réviser avant, la philosophie était la matière idéale mais j'avais eu 18/20… toujours en une heure et sans brouillon ! Mais ce succès n'appartenait qu'à moi puisque cette matière n'avait qu'un coefficient de 2 dans ma filière. C'est d'ailleurs pour moi le véritable problème des études générales : ne pas pouvoir composer son agenda « à la carte » ! J'étais passionné par le français, l'histoire, les sciences, la philosophie, la psychologie, l'économie… Je rêvais d'un programme sur mesure allant piocher dans les branches scientifique, littéraire et économique… Une chimère de savoirs personnalisés.

Au lieu de cela, le nouveau couperet est tombé avec peu de surprise : refusé. Échec cuisant. Inapte. Stupide. Cancre. Paresseux. Décevant. Différent. Idiot. Honteux.

Je suis maintenant dans ma toile de tente, je vends toujours mes nappes, et je suis obligé de faire le point. J'ai une lettre de ma mère dans les mains. Cette lettre amère contient toute la déception d'une mère envers son fils avec je cite : « J'ai toujours ton bac en travers de la gorge. » Mais est-ce que je devais ce diplôme à quelqu'un ? Il est évident que je n'allais pas travailler dans le secteur de l'électrotechnique… et ce même si je ne savais pas où et comment j'allais gagner ma vie. Cela n'avait pas d'importance puisque je n'ai jamais eu d'angoisse à ce sujet, j'ai toujours su que j'apprendrais au fur et à mesure que je devrais avancer. La non-obtention du bac remet-elle en cause tout le savoir accumulé depuis mon enfance ? Tous ces domaines explorés ? Toutes ces expériences où m'a emmené ma curiosité ? Tous ces livres avalés semaines après semaines ? *A priori* : oui. Ne pas avoir mon bac invalidait tout cela aux yeux de la société et de mes parents. J'étais au mieux un fainéant, au pire pas très intelligent. Dans tous les cas, j'étais « décevant ».

Pour décevoir, il faut avoir une promesse non tenue, un engagement non honoré. L'obtention d'un diplôme est un engagement tacite pour ceux qui vous entourent mais il ne prend jamais en compte la réalité du postulant à ce diplôme.

Assis en tailleur dans ma toile de tente, je me suis demandé comment je me sentirais réellement si je ne me sentais pas coupable vis-à-vis de ma mère et quel regard je porterais sur mon futur. Je l'ai fait durant de longues heures, sincèrement, et le plus objectivement possible. Voici le résultat : je ne me serais pas senti mal, au pire un peu agacé de ne pas avoir la médaille. J'aurais la même confiance dans le futur et les mêmes objectifs d'autonomie et de liberté. Je me suis dit : « Je ne suis pas mon bac. » Et c'était vrai ! L'obtenir ne m'aurait pas rendu plus intelligent, plus fiable ou plus compétent. Si j'avais potassé 20 ou 30 heures de plus ma physique appliquée, je l'aurais eu mais serais-je différent ? Serais-je meilleur dans au moins un seul domaine ? La réponse est non.

Dans une pure logique, ne pas l'avoir ne m'enlevait rien si ce n'est le regard social que l'on pouvait poser sur moi. J'ai donc entrepris de prendre ma truelle mentale et de construire un mur autour de tout cela. J'y ai scellé la culpabilité envers ma mère, ma propre déception de la voir déçue de moi, la honte que je pouvais éprouver vis-à-vis de la société. J'y ai scellé toutes les émotions négatives puisque la logique venait de me démontrer que le « avec ou sans le diplôme » n'avait aucun impact sur qui j'étais et ce que je faisais.

Deux choses étaient sûres pour moi ce jour-là : je ne pourrai jamais exercer un emploi où l'on me demande d'avoir le bac (et où l'on demande de le présenter, je ne suis pas persuadé que ce soit souvent le cas). Et je devais tirer une conclusion de cette expérience.

Mes conclusions furent les suivantes, je vais les formuler au futur car c'est en ces termes que je les ai pensées :

- Je ne me forcerai plus jamais à suivre un chemin qui ne me convient pas, j'irai là où mon émotion est positive.
- Je trouverai toujours quelque chose à tirer de chaque expérience. Et si je ne trouve pas quoi... c'est que je n'aurais pas assez cherché.

J'ai donc naturellement cherché ce que je pouvais retirer de toutes ces années de lycée que je n'ai pas clôturées par ce qui semble la récompense traditionnelle. En voici la liste non exhaustive.

- J'ai appris comment me comporter socialement aussi bien avec des personnes de mon âge qu'avec des personnes à hautes responsabilités (j'ai fait partie des délégués européens).
- J'ai appris à m'organiser et à être multitâche en travaillant professionnellement durant mes années lycée (en tant que formateur BAFA, serveur, vendeur sur les marchés, etc.)
- J'ai appris à trouver les informations qui m'intéressaient par moi-même et à m'autoformer.
- J'ai appris à structurer ma pensée et ma logique grâce aux mathématiques et à la philosophie, sans faire de distinguo entre les deux.
- J'ai appris à gérer ma vie sentimentale et à voir que, malgré le peu d'estime que je porte à mon physique, je peux plaire.
- J'ai appris avec mon groupe à parler en public, à créer des concerts, à composer des morceaux, à communiquer sur nos dates, à organiser cette association.
- J'ai appris à créer une petite entreprise temporaire (obligatoire pour la vente sur les marchés).

- J'ai appris à refuser la contrainte et la hiérarchie quand elles sont injustes.
- J'ai appris à gérer mon temps et ma procrastination en partie.
- J'ai appris tout ce qu'il y avait à savoir sur Internet et comment créer un site de A à Z en html, seul.
- J'ai appris le codage informatique en deux langages (le Basic et le C+) seul.
- J'ai appris à maîtriser mon énergie pour dormir peu et profiter de mon temps d'éveil.
- J'ai appris à lâcher prise socialement.
- J'ai appris beaucoup dans les sciences cognitives et le mentalisme, seul.
- J'ai beaucoup appris sur le monde et les êtres humains grâce à mes cours d'histoire, de géographie et de SVT.
- J'ai appris à faire rire... et à maîtriser mon humour.

Je pourrais continuer cette liste très longtemps. Je l'ai vraiment écrite à l'époque mais je n'ai pas gardé cette feuille qui n'avait pas d'importance. La seule chose importante à comprendre, c'est qu'à la fin, je me sentais fier de ce que j'avais accompli, tant de chemin parcouru ! Le bac était une information aussi futile que ma carte de cantine... Je n'avais pas perdu mon temps au lycée, j'avais fait ce que j'avais à y faire dans ma propre expérience de vie. Mes années lycée étaient un succès et mon « non-bac » une certaine récompense.

LE POIDS INFINI DE LA CHARGE MENTALE

Dans cette partie, vous allez agir sur le poids le plus transversal de votre existence, la charge mentale. Car si votre bonheur est caché dans votre cerveau, il est bien souvent recouvert par une charge mentale qui fonctionne alors comme un camouflage ! Dans la plupart des cas, la charge mentale est à l'origine de vos peurs, de vos angoisses, de vos anxiétés et de vos colères. Il est essentiel que vous puissiez la comprendre pour mieux la réduire. Sun Tzu, le célèbre général chinois, a écrit en 500 av. J.-C. une phrase qui dit ceci :

LE MEILLEUR SAVOIR-FAIRE N'EST PAS DE GAGNER CENT VICTOIRES DANS CENT BATAILLES, MAIS PLUTÔT DE VAINCRE L'ENNEMI SANS COMBATTRE[10]. »

C'est exactement ce que vous allez faire : mettre en place une méthode qui abattra la charge mentale sans même devoir la combattre.

« LE MEILLEUR SAVOIR-FAIRE N'EST PAS DE GAGNER CENT VICTOIRES DANS CENT BATAILLES, MAIS PLUTÔT DE VAINCRE L'ENNEMI SANS COMBATTRE. »

SUN TZU

QU'EST-CE QUI VOUS DÉFINIT ?

Nous sommes en 2010. Je me trouve à l'autre bout du monde, au Chili, sur un bateau de croisière. Le drapeau est allemand, les passagers sont français, le capitaine est italien et le staff doit réunir à lui seul une quinzaine d'autres nationalités. Nous longeons les côtes chiliennes où nous avons passé une semaine de port en port, pour faire route vers le nord, direction le Pérou. Je fais partie des artistes embarqués. Comme souvent, les corps de métiers forment des groupes naturels à bord. Nous avons les mêmes contraintes, les mêmes horaires et les mêmes buts. Nous pouvons vivre au même rythme et nous soutenir quand c'est nécessaire. Je passe beaucoup de temps avec Edison Pullas, un musicien équatorien à l'humour hilarant qui joue de la musique avec... tout ! Je dois avouer que je suis bien content qu'Edison m'accompagne dans la plupart de mes balades à terre. L'espagnol est sa langue natale et manger chez l'habitant (contre quelques pesos, c'est tout à fait courant là-bas) est plus intéressant culturellement lorsque quelqu'un maîtrise la langue. Rassurant aussi pour changer ses pesos dans la rue à un taux plus avantageux que ce que me propose ma carte bleue (là encore, c'est habituel pour les Chiliens de faire cela).

Le temps que je vous raconte tout cela, nous venons de mouiller dans le port de Callao qui nous relie directement avec Lima, la capitale du Pérou. Avant de débarquer, nous décidons avec Edison de prendre le déjeuner au buffet de notre navire, sur le pont supérieur. Nous aurons le ventre plein, ce qui est toujours mieux pour découvrir une ville plutôt que de perdre son temps à chercher à se nourrir en guise de première visite. Edison se met à me raconter, je cite, « son pire souvenir avec la France qui restera son meilleur souvenir ».

Il me raconte qu'il est arrivé en France il y a plus de 10 ans. Fraîchement débarqué de l'Équateur, il a déjà un certain niveau de français. Il possède un visa qui lui permet de travailler et de rester sur le territoire. Il compte bien vivre de sa musique en

France, en Europe et dans le monde pour acheter ensuite une belle maison en Équateur pour lui et sa famille. Il faut savoir que si le coût de la vie en Équateur est 42 % moins élevé qu'en France, le pouvoir d'achat est quant à lui inférieur de 59 %. Edison commence donc par faire de la musique dans les rues de Paris, apportant son art à la Ville Lumière, rémunéré selon le bon vouloir des passants. Mais un jour où Edison est accompagné d'autres musiciens, la police vient faire un contrôle d'identité. Aucune panique chez les artistes, ils ont tous leurs papiers et sont tous en règle. Le chef du groupe de policiers contrôle Edison et reste très dubitatif devant ses papiers… au point de l'emmener au poste. Mon ami équatorien n'est pas du genre à s'inquiéter, mais sur le trajet, il se pose quelques questions sur l'attitude si fermée des policiers à son égard.

Arrivé au commissariat, il est amené devant un bureau. L'ambiance ressemble à celle de tous les clichés que l'on peut avoir sur un interrogatoire : le bureau en métal, la grosse lampe, la décoration défraîchie datant des années 1970… Le plus gradé du groupe s'assied en face de lui avec à ses côtés un jeune policier, sûrement cadet ou élève officier de police.

Le capitaine prend un air condescendant et railleur :
« Monsieur Pullas, est-ce que ce sont vos papiers, ça ? », dit-il en agitant le passeport.
« Tout à fait, monsieur », répond Edison.
« Alors nous avons un problème, vous et moi. Ce sont de faux papiers ! »
Edison est abasourdi. C'est impossible. Le passeport lui a été remis par les autorités locales en Équateur. Comment une telle situation pourrait arriver ?
« Je ne crois pas monsieur, il vient directement de mon pays. Il n'est pas fait comme ici mais je vous jure que c'est un vrai passeport », se défend Edison.
« Votre pays… c'est bien ça, le problème… Il n'existe pas votre "pays" », répond le capitaine.
Pendant un instant, Edison se demande si ce policier se moque

de lui. Mais le ramener au commissariat aurait été une étrange façon de faire une blague.
« Monsieur, c'est un vrai pays. J'y suis né et j'ai habité là-bas toute ma vie », se justifie-t-il.
« Arrêtez votre cinéma. Que vous tentiez le coup avec de faux papiers, je peux le comprendre, mais soyez logique. L'Équateur n'est pas un pays, c'est une ligne. On n'habite pas sur une ligne ! On n'habite pas sur le tropique du Cancer, le tropique du Capricorne ou l'Équateur ! »

Pendant que le capitaine s'agace en expliquant pourquoi il pense qu'Edison se moque ouvertement de lui, le jeune policier souffle quelques mots dans l'oreille de son supérieur.
Edison ne peut pas entendre mais il n'est pas difficile d'imaginer qu'il venait de lui expliquer qu'en plus de la « ligne » de l'équateur, il existait un véritable pays frontalier du Pérou : l'Équateur.
Le capitaine changea d'air… Eut l'air un peu embêté… et tendit le passeport à Edison en concluant avec cette phrase magique : « Vous pouvez y aller… mais c'est la dernière fois ! »
J'explose de rire et risque de m'étouffer ! Je vous rappelle qu'Edison et moi sommes en train de déjeuner sur le bateau. Je dis à Edison de m'attendre quelques minutes, le temps pour moi de foncer jusqu'à ma cabine, d'y prendre mon ordinateur portable et de le remonter. Je me remets face à Edison et je lui demande de me raconter de nouveau son histoire en détail pour la noter. Elle est incroyable et j'adore noter ces pépites de vie dignes parfois d'un film ou d'une série. Il ne se fait pas prier pour me la raconter de nouveau et je rentre tout ça dans mon précieux disque dur.

Une discussion en amenant une autre, Edison est curieux de savoir ce qui se cache dans mes dossiers numériques, je lui fais donc un tour du propriétaire. Mes idées pour faire un spectacle peut-être un jour au théâtre, mes formations, mes recherches, mes pensées, mes notes, mes souvenirs, mes théories, mes correspondances, toutes les photos de ma vie (et principalement ces dernières années où j'ai travaillé dans une trentaine de pays différents par an). Enfin, nous concluons et passons la journée à Lima avec la ferme intention d'en profiter car nous prenons l'avion le lendemain pour rentrer chez nous.

Le lendemain matin, nous partons donc en direction de l'aéroport avec une partie des passagers, Edison fait le show en faisant rire comme d'habitude toutes les personnes présentes. À l'aéroport, nous nous disons au revoir, pour la dernière fois face à face mais sans le savoir. Edison profitait d'être en Amérique latine pour partir en Équateur à quelque 1 100 kilomètres de là. Nous ne nous sommes pas revus depuis, mais nous correspondons encore : Edison a bien acheté sa merveilleuse maison en Équateur pour sa famille et lui ! Je vais présenter ma valise à l'enregistrement, la dépose sur le tapis et récupère mon passeport et mon billet. Il ne faut pas trop traîner car nous sommes arrivés un peu tard à cause de la circulation.

Mais j'ai à peine repris mon passeport qu'un douanier s'approche de moi pour me contrôler. Avec le nombre de voyages que je fais, cela m'est déjà arrivé et ça ne m'inquiète pas du tout, je lui tends mon passeport. Il me demande dans un anglais approximatif ce que je fais là, où je vais, etc. Il feuillette le passeport et me demande de le suivre pour une fouille. À ce moment précis, je pense savoir ce qu'il s'est passé. Certes, je voyage dans beaucoup de pays pour le travail mais je n'y reste que sur des périodes pouvant aller de 24 heures à 15 jours maximum. Mes clients ne m'offrent pas de vacances… Aussi, mon passeport atteste que son propriétaire vient de passer 24 heures au Pérou, 1 semaine au Chili mais juste avant, 48 heures au Qatar, 5 jours à Amsterdam, 2 semaines en Inde, 3 jours en Égypte, etc. Si vous voulez avoir l'air louche, il n'y a pas mieux !

Je prends conscience de ça en marchant et je me dis qu'il serait encore plus louche d'essayer de l'expliquer alors que nos anglais respectifs ne sont pas en grande forme. Nous arrivons dans une petite pièce rectangulaire, grise, avec pour seul matériel une grande table en inox. Les douaniers ont amené avec eux ma valise destinée à la soute, en la récupérant directement sur le tapis. Ils la posent au milieu de la pièce et me demandent de mettre à côté mon bagage cabine. Ils me font comprendre qu'il faut que j'ouvre tout. J'ai déjà vécu ce genre de contrôle et je sais d'expérience qu'il faut être souple, souriant et ne surtout pas leur rappeler que l'on est pressé… et pourtant, je le suis !

Je m'exécute et ouvre donc l'ensemble de mes bagages. Je sors mon ordinateur de ma valise cabine ainsi que mes disques durs de sauvegarde. Dans ce genre de contrôle, on vous demande d'allumer tous vos appareils électroniques afin de prouver que ça ne serait pas autre chose de déguisé (une coque vide pour cacher des objets ou du matériel terroriste). J'ai l'habitude donc j'allume directement, l'écran tourné vers les douaniers et je tape mon mot de passe pour qu'ils voient que c'est bien un ordinateur et des disques durs normaux. J'en profite aussi pour sortir et montrer environ 300 € d'espèces que j'ai toujours avec moi en cas de pépin (quand on travaille à l'étranger, il vaut mieux prévoir). Quand on a un peu de cash sur soi, il est plus judicieux de le montrer avant qu'ils ne tombent dessus ; un peu caché, c'est suspect. Le but est de toujours montrer sa bonne foi.

Pendant ce temps, les autres fouillent entièrement mes valises. Une fois l'ordinateur vérifié, je range tous les éléments informatiques dans leurs housses respectives. Mais lorsque je vous dis que les valises sont fouillées entièrement, c'est au sens propre ! J'ai par exemple un carnet à dessin de 70 feuilles épaisses : chacune des feuilles se voit passer la languette pour le test anti-explosif et antidrogue (les pages épaisses pourraient être imprégnées d'une substance particulière). Tout est étalé au sol et sur la table de métal, nous sommes presque à la fin et on m'explique que je dois me tourner face au mur pour une fouille tactile. Rassurez-vous, je n'ai pas eu à enlever mes vêtements, je suis juste surpris que l'on n'ait pas commencé par cela mais vous savez, dans ce genre de situation, son avis, on le garde pour soi. Je garde donc mon humeur à l'état neutre et je me tourne. La fouille est aussi rapide que respectueuse et on m'invite à ranger mes valises. Je ne me fais pas prier car la fin de l'embarquement est dans 20 minutes ! Il faut en plus que je repasse au comptoir pour donner mon bagage en soute (ils ont été prévenus et l'accepteront malgré la fin de l'enregistrement des valises).

Je me transforme en tornade et range tout dans le bagage à destination de la soute tant bien que mal, j'y mets également à la fin l'ordinateur, les disques durs, le cash et je ferme le tout. Essayer de remettre ça dans mon bagage cabine (qui s'avère être un gros sac à dos) serait trop long.

J'entame mon marathon avec un arrêt à l'enregistrement, un autre à la sécurité et me voici déjà en train de m'installer à ma place, prêt à m'envoler vers Paris. Il n'existe pas de vol direct, j'aurai donc une escale à Madrid ce qui portera mon voyage à 16 heures environ.

J'arrive enfin chez moi après 16 heures de vol, 1 heure d'attente de mes bagages et 1 heure 30 de transport en commun. Tant que je suis dans le mouvement, je défais entièrement mes bagages et lance mes lessives. C'est la meilleure chose à faire lorsque vous venez de faire un long trajet. J'ouvre ma valise. Je sors les espèces pour les ranger. J'ouvre les housses de l'ordinateur et des disques durs et les pose sur le côté. Je prends le linge sale pour le mettre dans la machine à laver. En sortant mes pantalons, j'embarque malgré moi le chargeur de l'ordinateur qui tombe sur le sol. À ce moment précis, le temps ralentit dans mon cerveau et en une seconde, je me mets à connecter mille choses entre elles :

- Avec le trajet la batterie de l'ordinateur doit être morte, je vais le recharger.
- Les housses de l'ordinateur et des disques de sauvegarde

sont vides ! Trop fatigué par le trajet, ça ne m'a pas choqué en les ouvrant quelques secondes avant.
- On m'a volé mon ordinateur et toutes les sauvegardes !
- Il y avait encore l'espèce donc ça s'est fait avant que je range les billets avec les housses.

Les douaniers ?
Quand j'ai rangé les housses dans la valise, j'étais tellement pressé par le départ de mon vol que je n'ai pas fait attention si elles étaient anormalement légères.

Quand ont-ils pu les prendre ?
Mais bien sûr ! Pendant la fouille corporelle face au mur ! J'avais trouvé ça étrange de le faire à la fin plutôt qu'au début. Ils ont donc agi à ce moment-là. C'était prémédité. Ils étaient donc tous complices.

Pourquoi pas l'argent ? Parce qu'il était encore dans ma poche à ce moment-là.

Mais pour quoi faire ? Tout est sous mot de passe.
Je l'ai tapé devant eux pour faire preuve de bonne foi et montrer que je n'avais rien à cacher.

Je crois que toutes ces pensées se sont bousculées en moins de 30 secondes dans ma tête. À la fin, je sais avec certitude que les douaniers de l'aéroport de Lima m'avaient fauché mon ordinateur et toutes mes données. Un gouffre s'ouvre alors sous mes pieds, le matériel est une chose mais l'intégralité de mon travail et de mes souvenirs est dedans. Et non… je n'ai pas de 3e disque dur de sauvegarde chez moi et les services de cloud n'étaient pas aussi répandus qu'aujourd'hui.
S'enclenche la grande opération de récupération. 19 heures environ se sont écoulées depuis le vol de mes affaires, le temps joue contre moi. Le décalage horaire aussi. Je commence par envoyer trois mails :

- Le premier pour l'aéroport de Lima. J'y explique que j'ai perdu mon ordinateur, je décris les signes distinctifs et ce que j'ai fait à l'aéroport, sans accuser personne.
- Le deuxième pour la douane de l'aéroport de Lima. Afin de mettre toutes les chances de mon côté, je dis avoir oublié moi-même, dans la pièce de fouille, mon ordinateur. Je prends la faute pour moi afin de leur donner l'occasion de dire « oui ». Je mets bien sûr l'accent sur l'importance des données perdues.
- Le troisième auprès de mon directeur de croisière : il n'est pas rentré en même temps que moi car il voulait aller en forêt amazonienne voir les temples avant de rentrer à Londres. Il aura peut-être une piste pour le retrouver… sous réserve qu'il soit réveillé et qu'il ait une connexion.

Parce qu'il faut comprendre que je suis prêt à le racheter, au prix du neuf, au marché noir. La seule chose qui m'importe, c'est de récupérer mes fichiers à tout prix. La douane ne me répond pas et l'aéroport m'a invité à appeler le service des objets trouvés (qui bien sûr n'ont rien trouvé). Entre-temps, je reçois un mail de mon directeur de croisière qui m'invite à contacter notre soutien local à Lima. Je le fais dans la foulée, lui explique le problème et lui promet une belle récompense si on le retrouve. Je lui offrais l'équivalent d'un mois de salaire là-bas et pour un mec débrouillard comme lui, il est hors de question de passer à côté. Si lui ne peut pas le trouver au marché noir, alors personne ne le trouvera. Je pars me coucher là-dessus, avec une étrange nuit aussi reposante que fatigante.

Le lendemain matin, je me remets au travail. Je commence par contacter l'ambassade de France à Lima et leur expose ma situation en expliquant toutes mes conclusions. Leur discours ne me rassure pas. On m'explique que je suis l'un des nombreux touristes à qui ce genre de choses arrive. Le peuple péruvien est précaire, même les douaniers, et les petites arnaques sont quotidiennes. Ils sont complètement fatalistes : pour eux, je ne retrouverai rien. Mais ils ne connaissent pas Javier, mon contact qui est sur le coup.

Pour ne pas me sentir impuissant d'être à distance, j'attrape ma tablette et je me connecte au site Ebay péruvien et aux sites de petites annonces locales. J'y cherche mon Mac. Il a la particularité d'avoir un clavier AZERTY (ce qui n'est pas courant pour eux qui tapent en QWERTY) et il possède quelques rayures distinctives. L'idée est simple : si je le trouve, je l'achète et je le fais livrer chez mon contact qui me le renverra. Je passe donc ma journée et ma soirée à actualiser ces sites et à étendre ma recherche sur Internet... Jour 2 : rien pour le moment.

Jour 3. Je continue à passer les annonces au peigne fin et je reçois un appel de Javier depuis Lima. Il m'explique qu'il n'y a rien à faire, qu'il ne trouve aucune piste et qu'il lâche l'affaire. Cette annonce achève instantanément ma détermination. Si Javier lâche et passe donc à côté d'une telle somme d'argent, ce n'est pas bon signe du tout. Et mes recherches sur ma tablette ne donnent rien de plus satisfaisant.

Le travail reprend, ma vie continue, j'ai des contrats, des obligations et je dois faire avec. Je commence à regarder ce qu'il va falloir que je fasse, que je réécrive, que je réinvente... Et je glisse le long du mur pour fondre en larmes. Il est 14 heures. Je suis en train de vivre la première grosse dépression de ma vie d'adulte mais je ne le sais pas encore.

Comme je tourne sur un système Apple pour mon téléphone, ma tablette et mon ordinateur, il y a trois choses que je n'ai pas perdues :
- mes contacts ;
- mon agenda ;
- mes mails.

Un couteau suisse qui peut permettre de m'en sortir. Je me sens comme David face à Goliath, la montagne de choses que je vais devoir faire me paraît insurmontable. Je sais par exemple que dans deux jours, j'ai une conférence... et que je n'ai plus aucun fichier. Il va falloir la réécrire entièrement, refaire les visuels, les sons, etc.

Je me dis alors que pour y arriver, je ne dois regarder qu'au jour le jour et aviser. Peu importent les heures de sommeil que je dois sacrifier, je préparerai chaque jour ce qu'il me faut pour le lendemain, avec mon téléphone et ma tablette (attention nous sommes en 2010, ma tablette est un iPad de première génération, ils sont sortis quelques mois à peine auparavant et ne sont pas aussi complets que les tablettes d'aujourd'hui).

Il se passe quelques semaines où je surnage comme ça, gérant au mieux, me surprenant parfois à pleurer quand je cherche des fichiers qui n'existent plus ou quand je pense à certaines photos perdues. Le sujet est tabou et je ne supporte pas qu'on m'en parle, j'en viens à me fâcher avec les personnes qui me disent : « Tu sais quoi ? Tu aurais dû faire une sauvegarde que tu aurais laissée chez toi. » Le conseil *a posteriori*, même quand il est extrêmement pertinent, n'aidera jamais à dépasser une situation. Cela n'aide pas la personne qui souffre et tout au mieux alimente l'ego du conseilleur puisque son cerveau se complaît à se dire que « lui n'aurait pas fait pareil ».

Et puis un jour, en utilisant l'ordinateur de ma compagne, je m'aperçois qu'il faut que j'achète un logiciel dont j'ai besoin et que je possédais avant. Il faut savoir que chez Apple, les logiciels que l'on achète en ligne sont achetés à vie. C'est-à-dire qu'en remettant un nouvel ordinateur sur mon compte client, je pouvais télécharger tous mes anciens logiciels sans les payer. Je ne le découvre pas à ce moment-là, au contraire, je ne le sais que trop bien… Mais je ne sais pas pourquoi, c'est à cet instant que je me suis dit : « Je vais acheter un nouvel ordinateur. »

Aussitôt dit, aussitôt parti à l'Apple Store le plus proche et 2 heures après, je suis de retour en train de le configurer. J'ai un poids en moins dans la poitrine, je n'ai plus de tristesse, je n'ai envie que de « faire » et plus de « regretter ».
C'est en allumant le nouvel ordinateur que je comprends que j'ai été en dépression. Que j'ai fait quelque chose que j'avais

étudié et qui m'avait fasciné : le déni. Théorisé par Freud, le déni est un mécanisme de défense du cerveau qui consiste à ne pas prendre en compte une partie de la réalité. Un refus catégorique de voir la réalité telle qu'elle est. Dans les cas les plus graves, cela peut aller jusqu'au syndrome de Diogène. Ces syndromes interviennent toujours après un grand choc psychologique et dans ces cas précis, les personnes ne réclament aucune aide. Et pour cause ! Puisque la personne rejette cette partie de la réalité, pourquoi aurait-elle un quelconque problème à régler ?

Il y a une leçon que j'ai pu tirer de cette expérience et je souhaite que cette histoire vous aide à la comprendre profondément. Dans ma réalité, voici ce qu'il s'est passé.

Depuis des années, je parfais ma définition du bonheur, je conceptualise l'échec et j'appréhende le succès, j'œuvre pour avoir une humeur égale, une souplesse cérébrale face aux événements. Je sépare l'extérieur – qui ne m'appartient pas – de l'intérieur – qui, lui, dépend de moi. Submergé par ce choc qui impliquait tant de choses et ne voulant pas céder à la colère, à la tristesse ou à la complainte, j'ai eu comme seul réflexe de refuser cette réalité. Au fond de moi, je pensais encore retrouver mon ordinateur. Je n'en avais pas fait le deuil et je ne pouvais donc pas accueillir la nouvelle situation ou trouver une nouvelle organisation le cas échéant. À force de ne pas me sentir atteint par les futilités et ce que l'on croit être des échecs (qui ne sont ni plus ni moins que des tentatives), je ne me suis pas autorisé à accueillir une véritable problématique.

Le vivre et le comprendre m'ont été essentiels. J'ai pu découvrir que **mon pire ennemi, après avoir atteint dans ma vie une vraie souplesse mentale, est le déni. Il ressemble à l'état de neutralité mais cache des émotions qui existent même sans notre accord.**

La dernière étape de la flexibilité mentale est donc d'accepter ce que l'on ressent, d'accepter que quelque chose soit difficile à vivre ou injuste, pour mieux se mettre en état de la surmonter. Ne confondez jamais le détachement rationnel avec le fait de nier ce que vous ressentez. Les émotions ne passeront jamais si vous ne prenez pas le temps de les regarder un minimum. Vous devez les respecter et ne jamais ignorer ces signaux forts envoyés par votre cerveau. Il sera ensuite plus simple de vous réaligner au neutre.

L'ironie de toute cette histoire est comme un clin d'œil de fin de film. Vous souvenez-vous de mon dernier repas avec Edison Pullas sur le navire ? Le moment où j'ai noté son histoire dans mon ordinateur ? Nous avions ensuite fait le tour de mes fichiers et de mes photos. La phrase que je lui ai dite à la fin était précisément la suivante : « Tu vois cet ordinateur, c'est toute ma vie. Si je le paume, je ne suis plus rien… » Et moins de 24 heures plus tard, je me le faisais voler par des douaniers avec toutes les données. Un bien métaphorique rappel à l'ordre !

Finalement, cette croyance erronée que mon cerveau avait prise pour vraie a été rudement mise à l'épreuve et, une fois sorti du déni, j'ai pu constater que j'existais toujours et que j'étais toujours le même…

Voici ce que vous devez savoir chaque jour, dans chaque situation : vous n'êtes pas vos émotions, vous n'êtes pas ce que vous possédez matériellement, vous n'êtes pas les schémas automatiques de votre cerveau. Vous êtes vos pensées et vos actes. Le reste n'est qu'informatif. Ne niez pas ces informations mais n'en faites pas votre seule réalité.

UNE RAPIDE VISITE DU STOÏCISME

Vous connaissez l'expression « être stoïque ». Ce terme est un dérivé du « stoïcisme », une philosophie créée à l'école du Portique à Athènes en 301 av. J.-C.

J'ai découvert tardivement cette philosophie, mes études scientifiques m'ayant fait passer à côté d'une étude approfondie des différentes philosophies de la Grèce antique. Quelle ne fut pas ma surprise d'y découvrir une partie de mes intuitions dedans. Ce qui était alors un bouillon de pensées personnelles prenait plus de sens au contact d'Épictète.

L'une de ses phrases m'ayant le plus marqué est :

« CE QUI TROUBLE LES HOMMES,
CE NE SONT PAS LES CHOSES,
MAIS LES OPINIONS QU'ILS EN ONT. »
ÉPICTÈTE

Ce détachement que j'avais mis en place depuis des années était l'un des fondements de leur conception du bonheur !

À la lecture de différents travaux sur le sujet, je piochais dans ce que je trouvais pertinent et dans ce qui m'inspirait le plus. C'est ma méthodologie quand je travaille sur un sujet personnel visant à me transformer positivement et je vous invite à en faire autant avec mes livres : ne vous sentez pas oppressé de ne pas suivre toutes mes méthodes à la lettre ! Il n'y a pas qu'une vérité, il y a surtout la vôtre. Du moment que vous atteignez votre but, ne vous encombrez pas de ce qui ne résonne pas chez vous.

La grande question que me posait le stoïcisme était celle des sentiments. Me demande-t-on de ne rien ressentir ? De ne plus avoir de désir ? De ne plus vivre l'amour ? Pas du tout et heureusement. Cela irait au mieux contre la nature humaine et au pire ça ne serait qu'un mensonge.

Un stoïcien ressent, un stoïcien cherchera toujours à favoriser la situation dans laquelle il se sent le mieux. Il aimera mieux comprendre que subir : ce qui nous ramène à la notion de regard à porter sur notre extérieur et notre intérieur.

On pourrait résumer la pensée qui nous intéresse ainsi : contrôlons ce qui dépend de nous, acceptons ce qui ne dépend pas de nous. En résumé : **allégeons autant que possible notre charge mentale.**

LES 9 BOUCLIERS CONTRE LA CHARGE MENTALE

Si on devait écrire un film de super-héros où le bonheur, l'échec, la réussite et la charge mentale étaient incarnés, qui serait le super-vilain d'après vous ? Pas de suspense, il s'agirait de la charge mentale.

La charge mentale pourrait être résumée dans le fait d'avoir le cerveau préoccupé par quelque chose. C'est une porte close à votre état de stabilité mentale et émotionnelle. Votre bonheur se trouve emprisonné derrière.

Le directeur de l'Inserm (Institut national de la santé et de la recherche médicale), Jean-Philippe Lachaux, explique que la charge mentale est intimement liée au cortex préfrontal, une zone cérébrale typique de l'être de l'humain qui fait que la charge mentale va de pair avec l'humanité[11]. Tout le problème est dans notre capacité à anticiper le futur, à ce que nous voulons ou devons faire, faisant instantanément remonter différentes angoisses. (Vous vous souvenez de la double peine ?)

Selon la psychiatre Aurélia Schneider[12], tout le monde subirait une charge mentale mais notre seuil de tolérance serait différent d'une personne à l'autre. Par ailleurs, il est reconnu que la charge mentale des femmes est plus forte que celle des hommes. En effet, malgré les progrès de ces dernières années, elles ont encore la responsabilité du domicile et des enfants dans la grande majorité des couples, en plus de leur travail et de leur vie personnelle.

Puisqu'il est évident que la charge mentale ne peut être réduite à néant, il est primordial d'apprendre à la baisser pour accéder à un état mental plus doux, plus calme, plus serein. Voici maintenant les 9 boucliers qui vous en protégeront.

Sachez dire stop : refusez.

Pour stopper quelque chose, il faut d'abord reconnaître que la chose existe. Prenez conscience de votre charge mentale et surtout de vos limites. L'urgence quand la limite est dépassée, c'est de le reconnaître, de dire « stop », d'avoir conscience que vous êtes en (sur)charge mentale et de le verbaliser auprès de votre entourage dans votre vie personnelle et professionnelle. Vous devez le faire car c'est un mal invisible et personne ne peut vraiment s'en rendre compte si vous ne l'expliquez pas clairement.

Sachez voir où est votre responsabilité : contrôlez.

Commencez par faire le point mentalement sur ce que vous avez « à faire ». Je mets ce mot entre guillemets car les expressions « il faut que je fasse » ou « j'ai des choses à faire » sont des épouvantails au bonheur... que l'on construit souvent soi-même.

Dans la liste de ces choses qu'il « faut » que vous fassiez, combien sont vraiment indispensables, combien sont vraiment nécessaires ? Et une fois que vous avez cette nouvelle liste, combien sont vraiment sous votre entière responsabilité ? Entendez par là des choses dont vous avez une légitimité naturelle obligatoire (exemples : des missions dans votre emploi, faire les courses si vous habitez seul, etc.).

Sachez faire des listes : déchargez.

Ensuite, une fois que vous avez identifié les tâches dont vous êtes vraiment responsable, faites une liste sur un papier. Cette première action, de passer ces informations du mental au papier, va déjà vous décharger légèrement. En faisant cela, vous allez supprimer votre première angoisse : celle d'oublier quelque chose. N'hésitez pas à remplir cette liste autant que nécessaire, faites le grand vide de votre planning mental.

Sachez utiliser la matrice d'Eisenhower : organisez.

Le problème de l'étape précédente, c'est que tout y est organisé selon un système non hiérarchisé. Pour faire simple : toutes les tâches semblent avoir la même importance et vous continuez de les envisager toutes en même temps. C'est ici que va intervenir la matrice d'Eisenhower !

Dwight Eisenhower a été le 34e président de États-Unis de 1953 à 1961 et a toujours été réputé pour son organisation sans faille, fluide, régulière. Attention ! Même si vous connaissez déjà cette méthode, lisez quand même la suite de ce paragraphe.

Prenez une feuille de papier et tracez une ligne horizontale en plein milieu de la page, puis une ligne verticale en plein milieu également. Vous obtenez 4 cases.

Sur la première, notez : « URGENT ET IMPORTANT ».	Sur la deuxième, notez : « URGENT ET NON IMPORTANT »
Sur la troisième, notez : « NON URGENT ET IMPORTANT »	Sur la quatrième, notez : « NON URGENT ET NON IMPORTANT »

Vous avez sûrement compris que vous allez devoir ranger tout ce qu'il y a dans la note que vous avez faite à l'étape précédente dans ces quatre cases. Mais il va falloir être honnête et respecter la nomenclature. Si vous avez tout mis dans les deux premières cases, alors vous n'avez pas joué le jeu à fond.

Les tâches dites urgentes sont celles qui sollicitent le plus votre attention. En général, elles sont liées à d'autres personnes que vous, car oui, ce sont les autres qui vous pressent dans la grande majorité de votre vie. Ces tâches-là ont une date de péremption, elles ne peuvent plus être réalisées après une certaine échéance (ou alors les résultats risquent d'être amoindris).

Les tâches dites importantes ont presque toujours un apport positif dans la réalisation de votre vie personnelle ou professionnelle. Elles vous font atteindre des buts.

Le problème de notre cerveau est qu'il va se concentrer naturellement sur les tâches urgentes mais non importantes. Des tâches en réaction à des sollicitations extérieures (exemple : des personnes, le téléphone, un mail, etc.). Mais pour devenir plus serein (et par la même occasion se concentrer sur l'essentiel), vous devez privilégier d'abord ce qui est « important et urgent ». Cette case va se remplir vite la première fois ; c'est normal car jusqu'à maintenant, vous étiez « réactif » et vous allez devenir « planificatif ».

Lorsque cette case sera vide, vous pourrez passer ensuite à la case « Non urgent et important ». Et plus vous passerez de temps sur cette case, moins la case « Urgent et important » se remplira.

La case « Urgent et non important » est donc celle où vous passez sûrement le gros de votre énergie chaque jour, car votre cerveau croit au contraire que c'est important. Mais ce qu'il y a dans cette case est-il vraiment important pour VOUS ? Cochez chaque tâche qui est importante pour vous ici, mais pas pour quelqu'un d'autre. Vous avez vu ? Ces tâches ont l'air importantes mais sous leurs déguisements, elles le sont principalement pour les autres. En les réalisant, vous allez paraître sympathique, serviable, disponible mais vous allez contribuer plus au bonheur des autres qu'au vôtre. Il va falloir commencer à refuser ce qui n'est pas important.

Sachez organiser votre temps : planifiez.

En utilisant la matrice précédente, vous venez de commencer à reprendre le pouvoir sur votre temps. C'est essentiel pour votre charge mentale et je sais de quoi je parle, je suis un procrastinateur abstinent. Comme je vous l'ai précisé, ne soyez pas réactif, soyez planificatif.

Sachez faire reconnaître ce que vous faites : demandez.

Voici quelque chose qui va agir comme un baume apaisant sur votre charge mentale grâce à l'ocytocine générée par votre cerveau. Si vous pensez que personne ne se rend compte de ce que vous faites, alors faites-le savoir. Pas de manière agressive évidemment, et encore moins comme un reproche déguisé. Faites juste valoir ce que vous faites afin de recevoir une reconnaissance ou *a minima* de l'approbation.

Sachez vous faire aider : déléguez.

Évidemment, cela ne paraît jamais simple quand je dis ça en conférence. Pourtant, comment cela se fait-il que j'aie toujours réussi à déléguer ? Même en famille. Même sans argent. C'est possible. L'année passée, une femme active et mère de famille m'a expliqué que pour elle, c'était impossible, qu'il n'y avait pas de solution. Je lui ai demandé ce que faisait son mari à la maison pour les enfants et les tâches ménagères. Elle m'a répondu cette sublime phrase : « Je n'ai pas à me plaindre, il m'aide souvent. » Alors je vais être cash : pourquoi est-ce bien qu'il aide souvent ? Pourquoi n'a-t-il pas 50 % de la charge mentale et physique que nécessitent la tenue du foyer et l'éducation des enfants ? Surtout lorsque les deux parents travaillent ! Dans le couple, les tâches doivent être réparties à 50/50. Messieurs, vous qui me lisez, aucun gène ne nous dispense de ce que les femmes font. Mesdames, vous qui me lisez, aucun gène ne vous donne la responsabilité pleine de votre foyer.

Et bien sûr, au travail, apprenez à déléguer tout ou partie à vos collègues lorsque cela est possible.

Acceptez de perdre le contrôle : lâchez prise.

Déléguer demande une aptitude particulière, un danger qui jusqu'ici vous faisait peur : tout ne sera pas fait exactement comme vous l'auriez fait. Vous pressentez le prochain secret que je vais vous livrer : ce n'est pas grave ! Vraiment pas.

Déléguer, c'est accepter tout d'abord que l'autre puisse se tromper ou même rater puisqu'il est en phase d'apprentissage.

Déléguer, c'est accepter qu'il y ait plusieurs manières de faire et que faire différemment n'est pas forcément faire moins bien.

Déléguer, c'est donc accepter qu'il y existe plusieurs réussites possibles pour une même tâche. Vous devez perdre le contrôle que vous avez sur tout ce que vous faites si vous voulez vraiment faire tomber votre charge mentale.

Changez votre regard : libérez-vous.

Ces huit premières étapes conduisent à une 9e inéluctable, d'une grande beauté : vous n'êtes pas infaillible et personne ne l'est. Libérez-vous de ce besoin d'assurer tout le temps, ne cherchez que votre propre reconnaissance. Quoi que vous fassiez, vous êtes parfait car vous êtes précisément vous-même ! C'est la seule manière de faire tomber le dernier verrou de la porte qui se cache dans votre cerveau.

En suivant ces 9 étapes, vous vous libérez d'une immense partie de votre charge mentale.

C'est sûrement l'un des chapitres les plus importants de ce livre, relisez-le souvent. Imprégnez-vous de cela. Il m'a fallu 30 ans pour affiner ces 9 points et être moi-même d'humeur égale, libéré de ma charge mentale. Vous pouvez vous aussi le faire… ou plutôt : vous allez vous aussi le faire ! C'est un grand pas vers la cachette de votre bonheur, il est à découvert dans votre cerveau et plus rien ne pourra vous empêcher de l'atteindre.

LA MÉTHODE DU CURSEUR

Toutes ces belles pages sur l'échec, le bonheur, la réussite… vous inspirent peut-être la pensée suivante : « Qu'est-ce qu'il se passe quand les événements négatifs s'enchaînent ? » C'est tout à fait légitime et comme tout le monde, je le vis également.

Je vais de nouveau vous ramener à une des situations que j'ai pu vivre il y a seulement 2 ans et demi. Cela va vous éclairer.

Nous sommes en septembre 2017. J'ai lancé ma chaîne YouTube en 2016 pour m'imposer un défi créatif : faire une vidéo par jour pendant un an. C'était harassant mais très intéressant, j'ai énormément appris cette année-là et j'ai pu aussi me comprendre personnellement un peu mieux. Chaque jour, je produisais une vidéo. 366 au total. Obligeant mon cerveau à devenir toujours plus créatif. Sans le savoir, j'avais utilisé le principe de la chaîne tel que l'explique Cyrus North dans une vidéo de 2019[13].
Le principe de la chaîne est utilisé lorsque l'on veut créer une habitude, le mieux étant d'utiliser un symbole physique

pour marquer sa réalisation quotidienne, le plus courant étant de faire une croix dans un calendrier. Pour ma part, je n'avais pas besoin de le faire car le marqueur était clair : une vidéo numérotée entre 1 et 366 que je mettais en ligne. Au-delà de l'habitude, votre cerveau s'attache à la chaîne : plus elle grossit, plus elle devient compliquée à casser. Votre esprit aura beaucoup de mal à supprimer le maillon d'une journée si vous avez déjà réalisé 20 jours de la chaîne. C'est pour cela qu'il est étrangement plus simple de produire une vidéo par jour... qu'une vidéo par semaine !

La première année, j'ai eu la joie d'être suivi par environ 250 000 personnes sur Internet. C'était complètement fou qu'autant de monde s'intéresse à mon travail. Je pense que j'ai largement bénéficié de l'effet de nouveauté car il n'existait personne dans mon segment réalisant des vidéos sur le mental, le mentalisme et le cerveau avec en plus une notion de fun et de divertissement. Ma chaîne se portait donc comme un charme.

Mais après l'été 2017, tout commença à changer. De moins en moins de monde venait s'abonner, mes vidéos étaient regardées trois à quatre fois moins qu'avant. J'étais rentré dans ce que l'on peut appeler un tunnel... qui a duré 7 mois environ.

Je me suis interrogé pour tenter de comprendre cette différence. Voici les éléments que j'ai trouvés :

- On ne peut pas être le petit nouveau éternellement.

- Le revers de la médaille d'avoir fourni beaucoup de contenus (et d'être très souvent invité sur d'autres chaînes) avait sûrement créé une saturation de ma présence.

- J'avais perdu l'aspect rituel que mon audience avait quand je faisais une vidéo par jour.

- J'avais peut-être épuisé mes bonnes idées.

Mais, objectivement, si mes vidéos faisaient beaucoup moins de vues, si je prenais aussi peu de nouveaux arrivants dans mes abonnements, est-ce que tout était terminé ?

➧ Des personnes regardaient encore les vidéos.

➧ Les commentaires ne laissaient pas entendre une perte de qualité dans le fond et la forme.

➧ J'aimais faire les vidéos.

➧ Je n'avais pas besoin que la chaîne soit rentable pour vivre (mes revenus venant principalement de mes spectacles depuis des années).

7 mois de tunnel… Mais lorsque j'étais dedans, je ne pouvais pas en connaître la durée. J'ai donc appliqué le principe de la saisonnalité. Pour faire simple, nous savons que le temps passe, nous savons que l'énergie est toujours en évolution, nous savons que rien n'est figé et que tout se transforme. Si, au casino, vous misez sur noir à la roulette, il y aura toujours un moment où la bille s'arrêtera dessus.

J'ai donc continué à faire des vidéos, à faire ce que j'aimais le plus dans mes vidéos en me rappelant pourquoi j'avais commencé, ce qui me comblait de joie la première année, sans m'attacher aux chiffres, sans chercher une solution de secours alors qu'*a priori*, je n'avais pas fait d'erreur majeure. J'aurais pu réagir en cherchant à m'appuyer sur la recette de l'année passée – refaire une vidéo par jour – mais il est assez utopique de croire que ce qui a fonctionné une fois par hasard devienne une méthode inébranlable et sûre.

J'ai revu mes repères de performances en les divisant par quatre. Je n'allais pas comparer les chiffres actuels avec ceux de l'année passée, ça n'aurait pas eu plus de sens que de refuser le bouleversement climatique parce qu'il fait froid chez soi : on peut le faire, mais ça n'amène pas une conclusion pertinente sur l'évolution du climat.

Personne dans mon entourage proche ne s'en est rendu compte hormis ma compagne, pas même des personnes très proches qui produisent également des vidéos. J'ai juste continué à faire ce que je sais faire : produire mon spectacle, produire des vidéos, écrire des livres.

Puis, 7 mois après, une série de vidéos s'emballe. La chaîne YouTube s'accélère, de plus en plus de monde regarde mes vidéos, de plus en plus de personnes s'abonnent. Pour quelles raisons exactement ? Impossible de savoir. On peut croire connaître une recette en analysant une accélération *a posteriori* mais dans les faits, il n'y a pas de formule magique. La saison avait évolué, le cycle était plutôt haut.

Cela a pu fonctionner uniquement parce que j'ai continué à faire, sans douter irrationnellement, ce que je proposais déjà. Parce que j'ai accepté que tous les curseurs ne puissent pas toujours rester en haut du tableau de commande. En l'occurrence, ils n'étaient pas tombés tout en bas non plus. Ils s'étaient stabilisés dans une position moyenne, voire moyenne/basse.

Lorsque vous vivez ce genre de cycles dans un domaine précis, je vous invite à concrétiser cette métaphore.

Dessinez un rectangle vertical en guise de curseur.

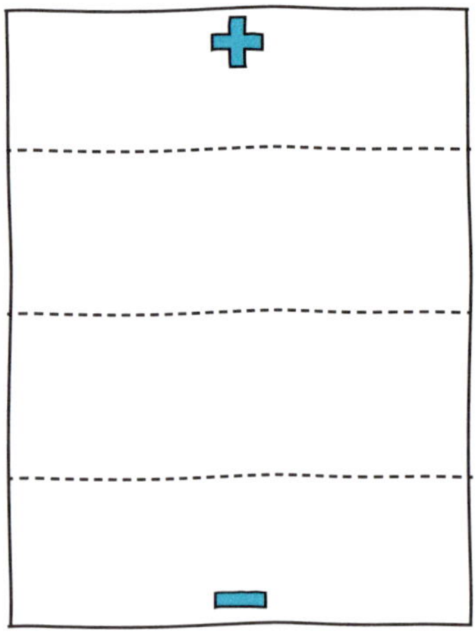

Tout en haut, marquez la meilleure situation que vous ayez connue dans un domaine. Attention, je ne parle pas du meilleur instant (qui est ponctuel, éphémère, anecdotique) mais bien de la meilleure situation stable et durable que vous ayez vécue.

Tout en bas, inscrivez la pire situation qu'il puisse vous arriver, celle qui vous obligerait à arrêter ce que vous faites, que ce soit quelque chose de professionnel ou de personnel (dans mon exemple, cela aurait été : seulement 1 % de mes abonnés regardent mes vidéos, les commentaires sont négatifs... j'arrête mes vidéos).

Inscrivez ensuite au moins 3 étapes intermédiaires que vous connaissez ou que vous pouvez déduire :

- La situation à l'équilibre entre les deux extrêmes, précisément au milieu du rectangle.

- La situation moyenne basse qui se trouve au premier quart en partant du bas.

- La situation moyenne haute qui se trouve au troisième quart en partant du bas.

Décrivez assez précisément ces situations. Et placez la réalité actuelle sur ce curseur. Où est-elle ? Est-elle en chute libre ou s'est-elle stabilisée ? Est-ce vraiment au bord de la pire situation ? Vous remarquerez souvent que c'est encore votre cerveau qui a eu peur et qui a pris l'ascendant sur votre objectivité.

EXEMPLE :

Pour la facilité de la projection, je vais prendre un exemple du domaine professionnel mais gardez en tête que cela peut s'appliquer à tout.

Vous êtes un vendeur de pommes. Tous les jours, vous vendez environ 500 pommes. L'année dernière, vous avez fait quelques pics de ventes records à 800 pommes en une seule journée ! Depuis presque 6 jours, vous ne vendez plus que 300 pommes, vous vous dites que tout est terminé. Mais comme vous avez lu ce livre, vous vous résignez à prendre une feuille et un crayon pour faire la méthode du curseur qu'a inventé un mentaliste plutôt sympathique (et je vous remercie du compliment spontané, c'est très gentil) :

	500 POMMES PAR JOUR
	400 POMMES PAR JOUR
	300 POMMES PAR JOUR
	200 POMMES PAR JOUR
	100 POMMES PAR JOUR

Sans même avoir besoin de réaliser une longue analyse, il est clair que vous êtes stabilisé au milieu de votre performance. Il s'agit bien d'une situation à saisonnalité. Vous avez noté que 100 pommes par jour seraient le pire car vous devriez arrêter de vendre des pommes mais vous en êtes encore très loin. D'ailleurs, il n'y a pas si longtemps, avant d'en vendre 500 par jour, vous vendiez encore seulement 300 pommes par jour et vous vous en sortiez très bien.

Le curseur est un outil très pratique pour lutter contre le pessimisme naturel que peut provoquer un changement de rythme non souhaité. Le curseur vous rappelle qu'il y a des crans et qu'il ne peut pas être infiniment en haut. La croissance éternelle est un conte de fées auquel seuls les économistes ont le droit de rêver encore. Pour vous et moi, nous tâcherons d'être simplement objectifs.

LE REGARD DES AUTRES EST UN MIROIR DÉFORMANT !

Pour qu'une situation soit considérée comme un échec, il faut parfois s'y mettre à plusieurs. L'entourage et la société nous aident beaucoup en ce sens et nous sommes perméables au regard des autres. Je vais vous raconter un autre de mes échecs, la fin est… surprenante.

Nous sommes le 10 janvier 2006, j'habite à Marsilly dans l'ancienne maison que ma sœur occupait. Je travaille depuis quelques mois à créer une société atypique qui n'existe que peu en France à cette époque et pas du tout dans mon secteur : une entreprise d'anniversaire à domicile pour les enfants. Le concept est simple, un animateur vient durant 3 heures au domicile du particulier et s'occupe tout l'après-midi des enfants. Au programme : maquillage, petit spectacle de magie, jeux, petit spectacle de marionnettes et gestion du goûter d'anniversaire. Je suis la force vive de ce concept, à la fois le créateur, le directeur, le chargé de communication, l'animateur, le comptable, l'artiste, etc.

Le 10 janvier est le jour du lancement officiel, je suis assez excité car je crois beaucoup en ce projet et je pense qu'il va m'épanouir tout en restant pas trop loin de chez moi. Je regarde les plaquettes de ma société Anni Birthday que j'ai réalisées moi-même, je vérifie que le site Internet que j'ai codé fonctionne... Je suis prêt.

Le problème pour trouver une clientèle est de faire connaître cette activité nouvelle et ma société. C'est un double défi qui ne me fait pas peur. Une étude de marché (entendez par là « questionner des gens sur les parkings devant des magasins de jouets ») m'a permis d'établir une grille tarifaire. Les prix sont un peu bas mais j'ai cette angoisse de l'entrepreneur de ne pas trouver mes premiers clients. Je commence par déposer des tracts dans les boîtes aux lettres, manuellement, une par une, dans les villages autour du mien. Cela demande beaucoup d'énergie physique mais elle a le mérite d'être gratuite ! Parfois, mes parents m'aident à cette tâche interminable. Tout en déposant les prospectus, je laisse quelques piles dans les boulangeries, les coiffeurs, les pharmacies et plus généralement, tous les commerces de proximité qui ont la gentillesse de m'accueillir.

Je contacte également la presse et la radio locales. Cette dernière m'offrira une interview de quelques minutes dans la matinale. Je reçois mes premiers appels et réalise mes premières prestations. Néanmoins, l'agenda peine à se remplir. Je tente alors autre chose : je vais imprimer par milliers un prospectus monochrome sur papier recyclé mauve. Pas très joli mais visible et surtout à un coût dérisoire. Je vais de centre commercial en centre commercial pour essayer de les déposer au bout des caisses, là où les clients mettent leurs articles dans leurs sacs. Cette démarche n'a pas eu l'air

d'être beaucoup faite et la plupart des centres commerciaux acceptent. Je dépose en une semaine 10 000 prospectus de cette manière... Ma meilleure idée !
La semaine suivante, le téléphone sonne régulièrement, j'établis des devis, je réalise des rendez-vous chez les particuliers, j'organise l'agenda des prestations et j'imagine même des projets avec des associations. Je suis ravi, mon entreprise est lancée et je devrais pouvoir en vivre.

Un an passe. Nous sommes en février 2007. L'année s'est bien déroulée, j'ai pris beaucoup de plaisir, je n'ai pas gagné de grosses sommes d'argent mais j'ai pu en vivre. C'est la troisième fois que je travaille à mon compte et je trouve que j'ai progressé dans l'organisation, que je suis plus libre et surtout, que je fais pour la première fois quelque chose qui m'épanouit complètement (même si j'ai toujours aimé mes différentes activités). Mais en ce jour de février, je reçois l'appel de charge des différents organismes. C'est-à-dire un agenda de 2007 des sommes forfaitaires qu'ils vont me prélever. La première année, je bénéficiais d'une mesure qui réduisait ces charges et cette année, je serai à 100 %. Un calcul s'impose donc. Il s'avère que je vais devoir donner en charges forfaitaires l'équivalent de 90 % du chiffre d'affaires que j'ai réalisé ma première année. Seul moyen de m'en sortir tout en continuant d'avoir un salaire : multiplier mon chiffre d'affaires par deux. Soit en doublant le prix de mes prestations, soit en doublant le nombre de prestations que je réalise par semaine. Malheureusement, objectivement, aucune de ces deux solutions n'est viable. Après une journée de réflexion, je décide donc de fermer ma société et enclenche les démarches qui me feront radier officiellement le 21 mars 2007. Anni Birthday aura donc existé tout juste 1 an.

Il a fallu l'expliquer à mon entourage, à ma famille, à mes amis et à chaque fois, je voyais un mélange de déception et de compassion. La réalité, c'est que je n'avais pas encore attribué de valeur (positive ou négative) à cette expérience, mais le regard des autres m'influençait à traiter cette fermeture au bout d'un an comme un échec. J'ai commencé à y croire, à avoir un peu honte, à me sentir triste de cette fermeture... Pourquoi ?

Je n'éprouvais pas ces émotions-là quand j'ai décidé rationnellement de fermer l'entreprise. Ce sont les mots, les regards, les sous-entendus de mon entourage et de la société qui ont orienté mon point de vue. Il est globalement perçu comme un échec en France de fermer sa société alors qu'aux États-Unis, on considère qu'un entrepreneur ne connaît son métier que lorsqu'il a fermé 3 sociétés au moins ! C'est ce qui explique le comportement des personnes qui continuent à maintenir leurs entreprises de manière irraisonnée jusqu'à s'endetter et à être dans des situations délicates. La peur du jugement et de l'échec est, par essence, irrationnelle.

Jetons un regard factuel sur ma fermeture. C'est précisément ce que j'ai fait quand j'ai commencé à me sentir mal d'avoir cessé Anni Birthday.

- J'avais créé seul cette société.
- J'avais fait une étude de marché, un business plan, un plan de communication. Tout cela pour la première fois.
- J'avais appris à établir une grille de tarifs pour un service, à créer les éléments de communication textuels et graphiques.
- J'avais pu vivre avec un salaire issu de cette activité pendant 13 mois.
- Je n'avais aucune dette vis-à-vis de la banque et je n'avais jamais été à découvert.
- Je n'avais aucune dette vis-à-vis de l'État et aucun retard de paiement.
- 100 % de ma clientèle avait été satisfaite des prestations fournies.

- Je fermais la société avec un solde créditeur de 7 000 € qui me revenait et qui pourrait me servir de pécule pour un nouveau projet.

Mon bilan était donc largement positif. Continuer l'activité m'aurait mené à ma perte avec un bilan négatif à la clé. La réussite était de constater qu'un manque de moyens, de compétences ou de marché allait conduire mon entreprise à la faillite à moyen terme. Le service n'était pas assez diversifié et le nombre de prestations que je pouvais fournir par mercredi ou samedi (les jours où l'on faisait le plus appel à moi) était limité.
La meilleure décision, celle du succès, consistait à porter ce regard objectif et à m'arrêter à temps. C'est ce que j'ai commencé à expliquer à mon entourage, à ma famille, à mes proches. Peu l'ont vraiment compris mais comme j'avais l'air convaincu, personne n'a osé remettre mon raisonnement en cause.

Vous êtes curieux de la suite ? Je suis devenu intermittent du spectacle indépendant en 2007 et 2008. Le 31 décembre 2008, pendant que vous fêtiez le réveillon, j'ouvrais une nouvelle entité inscrite le 1er janvier 2009 que je fermerais le 1er décembre 2010. De 2011 à 2013, je suis redevenu intermittent du spectacle. Mi-2013, j'ai ouvert une compagnie de spectacle que j'ai fermée en 2015. Et enfin, en novembre 2015, j'ai eu la sensation que je pouvais créer l'entreprise qui m'accompagnerait pour longtemps, Sherlock's Mind, qui se porte très bien.

Aucune de ces étapes n'a été un échec, que des décisions réfléchies. Si Sherlock's Mind se porte bien aujourd'hui, c'est parce que j'ai vécu toutes ces expériences. Aucune d'entre elles n'a créé de dettes ou de drames.

Cette expérience s'est renouvelée en 2016 sous une autre forme, la finalité y est tout aussi étonnante.

L'été 2015, je décide de réunir plusieurs connaissances afin de lancer un magazine gratuit à Paris. Après quelques réunions, nous décidons de l'appeler *Humour Magazine*. Durant 7 mois, nous travaillons sur le concept, le contenu, le format, la mise en page, la distribution et la périodicité. Je suis chargé de la mise en place, j'appelle cela « la mise en réalité ». Car il faut bien avouer qu'il n'est pas difficile d'avoir de bonnes idées, le véritable défi vient toujours de les concrétiser. Dans votre quotidien, je suis persuadé que vous croisez souvent des personnes vous exposant un super concept, une super idée, d'ordre personnel ou professionnel… Mais combien voient réellement le jour ?

Je m'attelle donc à comprendre l'univers de l'édition de magazines, sa logistique, son planning, les obligations légales et le processus de distribution. En effet, notre volonté est de le rendre gratuit. Pour cela, il y a deux solutions : déposer des présentoirs à des endroits stratégiques ou les distribuer un par un aux personnes dans des endroits associés à l'humour.

Car comme son nom l'indique, *Humour Magazine* a pour volonté de traiter l'humour sous toutes ses formes. À l'intérieur de chaque numéro, on y trouve des interviews d'artistes, de metteurs en scène, des recommandations de spectacles, de films, de livres, un plan des théâtres d'humour parisien, du savoir insolite et amusant, etc.

Pour la première possibilité, les présentoirs, il faut aller démarcher les lieux d'accueil un par un. Principalement les théâtres d'humour où circulent plusieurs centaines de personnes chaque jour. La prise de rendez-vous, le déplacement, le temps de conversation autour du projet me prend en moyenne 4 à 5 heures par lieu ! À cela, il faut rajouter la création du présentoir, sa conception, sa livraison et un passage régulier (trois fois par mois pour déposer des exemplaires du magazine).

Je stoppe rapidement cette branche trop chronophage et je me concentre sur sa distribution de main à la main qui me semble plus importante. Je commence par recruter des personnes pour distribuer le magazine, je crée un planning incluant des lieux et des horaires stratégiques basés sur la sortie des spectacles, je crée le pitch à réciter au moment de la distribution (pour que les personnes comprennent que le magazine est gratuit) et je gère le graphisme des badges et des casquettes pour que les personnes qui distribuent soient rapidement identifiées. Enfin, je reçois la livraison du premier numéro à mon domicile qui me sert alors de bureau. Le concierge vient me chercher en m'annonçant que 4 palettes de cartons m'attendent dehors... 4 palettes ! Je n'avais pas pris en compte le poids du papier ! Un livre ou un magazine possède un volume sans espace vide. Du poids à l'état brut ! Il y avait un peu plus de 2,5 tonnes de magazines à rentrer (tout un après-midi de manutention) et surtout, une solution à trouver pour alimenter les personnes qui allaient le distribuer. Je me suis donc improvisé *dispatcher* et je passais une partie de mes journées au volant d'une auto lib' chargée de magazines jusqu'au toit pour aller de lieu en lieu distribuer le stock aux distributeurs devant les théâtres.

L'économie d'un magazine gratuit fonctionne sur la base de la publicité vendue. Les espaces publicitaires d'un magazine se proposent aux potentiels clients une fois que nous pouvons prouver qu'un certain volume est effectivement distribué chaque mois. Deux commerciaux s'occupent de ce secteur et commencent à démarcher des marques, nous signons nos premiers contrats.

Au bout de 3 mois de magazine, cela fait 10 mois que nous sommes sur ce projet. Ce qui devait être un projet secondaire (à côté de mon spectacle et de ma chaîne YouTube naissante où je relevais le défi de produire une vidéo par jour pendant un an) commençait à devenir un projet de vie pour moi et mes collaborateurs. Nous passions la majorité de notre temps

sur l'écriture, les interviews, la mise en page, la logistique, le commercial, la distribution, et surtout… la manutention de ces cartons de magazines au poids démesuré. À côté de ça, la rentabilité se maintenait au point mort, il n'y avait pas de pertes financières mais aucun moyen de nous rétribuer, mes associés ou moi. Seules les personnes travaillant pour nous (commerciaux, graphistes et distributeurs) étaient évidemment payés. Et pour parfaire le tableau, nous peinions à convaincre des annonceurs qui ne croyaient pas au projet (alors que le magazine s'écoulait à 20 000 exemplaires mensuels, une quantité équivalente à la distribution de *Pour la science*, *Picoti* ou de *Cerveau & Psycho* en vente dans les kiosques).
Nous ne pouvions pas continuer comme cela et je décide de mettre le magazine en veille au troisième numéro pour une reprise en septembre. Nous organisons une communication autour de cette pause estivale qui pourra me laisser le temps de réfléchir à changer les process et à faire rentrer un nouveau partenaire pour nous aider.

Je ne perçois pas encore la notion d'échec à ce moment-là. Je sais que je me suis attaqué à un domaine que je ne connais pas et où j'ai tout à découvrir et à comprendre. Il est sage quand la machine s'emballe de faire une pause, de prendre du recul et de trouver des solutions. Si nous continuons comme cela, je perdrai la santé et mon capital financier avant la fin de l'année.
Durant le mois d'août, j'analyse de fond en comble les solutions possibles et, à moins de spontanément trouver des marques travaillant avec nous à l'année (ce qui me permettrait d'engager d'autres personnes pour déléguer ma charge de travail), le projet ne me semble pas viable. À côté de ça, mes autres activités fonctionnent bien, le spectacle tourne dans des salles toujours plus grandes et la chaîne YouTube rencontre un public de plus de 40 000 personnes (moi qui en espérais 12 000 en un an !).

Je prends donc la décision de stopper définitivement cette aventure. Je réunis les personnes qui l'ont lancée avec moi et je leur fais part de ma décision. J'ai réussi à trouver quelqu'un pour racheter la marque à un prix dérisoire mais qui couvrira les derniers frais. Ma décision est prise, il faut stopper. J'argumente ma décision et tout le monde la valide sauf l'un d'entre eux qui fait part d'une angoisse :
« Que vont penser les autres ? Les marques que nous avons démarchées ? Les théâtres avec qui nous avons travaillé ? Que penseront toutes les personnes qui ont connu *Humour Magazine* pendant ces quelques mois ? »

Et c'est comme cela, avec ces quelques phrases anodines, que LE mot fut lâché : nous avions vécu un ÉCHEC. Nous avions raté. Le raisonnement est pernicieux : en anticipant le potentiel regard des autres et en appliquant les conséquences fantasmées, nous aboutissions à un raisonnement logique attribuant à notre magazine l'étiquette de l'échec.

Mais à bien raisonner… Avions-nous créé le magazine ? Oui. Avions-nous lancé la diffusion de 20 000 exemplaires mensuels et ce dès le premier mois ? Oui. Avons-nous eu de bons retours du lectorat ? Oui. Avons-nous eu quelques annonceurs ? Oui.
L'arrêt était motivé par un sens rationnel et un regard objectif sur le temps et l'énergie que prendrait le développement. Je me suis donc mis à faire une supposition simple : qui, d'ici un an, se souviendrait d'*Humour Magazine* ? La réponse est… personne (ou presque).

Anticiper le regard des autres, c'est laisser à votre ego le pouvoir de décider à votre place.

Notre ego agissait comme si notre magazine était important, comme s'il avait marqué les esprits au point que tout le monde ne se souvienne que de ça. Certes, nous étions fiers de ce que nous avions accompli mais à la rentrée, une fois l'été passé, la terre entière tournerait selon ses propres projets individuels. Personnellement, je ne me souviens presque plus des sociétés que j'ai croisées et qui n'existent plus. Lorsque c'est néanmoins le cas, je ne porte pas de jugement sur cette entreprise ou ses créateurs. Le monde bouge, les choses naissent et disparaissent. Il y a quelques années j'aurais juré que je ferais mes recherches toute ma vie sur Lycos, en me connectant à AOL, que ma page MySpace et mon SkyBlog dureraient 20 ans et que MSN Messenger resterait leader de la messagerie en ligne. Avez-vous du jugement négatif pour les marques que je viens de citer ? Leur simple existence dans le passé est un succès, n'est-ce pas ? J'ai donc rassuré tout le monde sur le fait que personne n'y penserait ou ne le jugerait comme un échec. J'ai félicité notre réussite. Et comme je portais ce projet, je savais que quoi qu'il arrive, il n'y avait que moi qui resterais associé à la marque *Humour Magazine* dans quelques rares mémoires.

La finalité ? C'est en 2020, 4 ans plus tard. J'ai relancé un nouveau magazine en début d'année : *Curiouz*. Un magazine qui apprend des choses avec fun dans tous les domaines. Grâce à mon expérience avec *Humour Magazine*, j'ai pu penser ma base différemment. Ce mensuel n'existe que sur abonnement (maîtrise donc des volumes d'impression et anticipation de la distribution), il est payant pour un prix modeste de 3 € par mois environ (pas de dépendance à la publicité et aux marques), il est envoyé partout dans le monde (pas de limite géographique), il n'existe pas en kiosque (il passe donc de l'imprimeur directement chez le routeur, sans logistique de ma part).

Le premier mois, 5 000 personnes se sont abonnées et la simplicité à diriger cette aventure, le fait qu'elle soit viable sans aucun doute, n'existent que grâce à *Humour Magazine*. C'est d'ailleurs à la toute fin d'*Humour Magazine* qu'est née l'idée de travailler un nouveau projet avec mon associé actuel.

Si j'étais resté sur la peur du regard des autres, j'aurais probablement continué *Humour Magazine* pour le fermer au bout d'un an, avec des pertes, mes autres projets à l'arrêt, et sûrement écœuré à vie par l'édition d'un potentiel mensuel.

La notion ou la sensation d'échec que peuvent ressentir les autres ne vous appartient pas. Ce jugement n'est pas rationnel car ils ne connaissent pas toutes les données permettant de juger votre action. Bien plus grave, dans la majorité des cas, ce sont vos propres angoisses et peurs inconscientes qui créent le fantasme et ce jugement de la part des autres. Vous n'avez personne à décevoir, même pas vous. Vous ferez toujours ce que vous deviez faire à ce moment-là et ce temps appartient déjà au passé. Dans les semaines et les mois à venir, le souvenir de cette action disparaîtra mais une chose restera : l'expérience que vous avez vécue et acquise… Votre plus grand succès.

LA PERCEPTION DU SCÉNARIO

Regardez le dessin ci-contre, il est sûrement la meilleure représentation de ce que l'on appelle le point de vue.

Si vous vous placez au-dessus du cylindre, vous y verrez un cercle.

Si vous vous placez en face, vous y verrez un rectangle.

Et si vous vous placez de trois-quarts, vous y verrez le cylindre dans sa globalité.

D'après vous, quel est le point de vue le plus « vrai » des trois ?

La réponse est : les trois ! Pour votre cerveau, son point de vue est vrai, c'est votre réalité. Peu importe que cette réalité soit incomplète puisque vous l'ignorez. C'est ce que j'appelle l'état d'esprit en mode automatique.

En mode automatique, votre cerveau traite les données qu'il reçoit, les trie, les place en parallèle de ses croyances et vous souffle des pensées vis-à-vis de la situation et un état d'esprit à adopter… Il ne prend pas le temps de savoir si cela va vers votre bonheur ou votre réussite, il vous guide selon ce que vous lui avez appris, tout simplement.

Le secret pour que ça change est d'une extrême simplicité : prenez-en conscience !

Je ne veux pas dire qu'il faut que vous preniez conscience que c'est simple, mais que vous preniez conscience de la situation. C'est un peu magique, c'est comme si le fait de regarder un problème le faisait se dissoudre instantanément. Vous avez ce pouvoir-là. Regarder en face le mode automatique de votre cerveau le fait repasser immédiatement en mode manuel.

La flexibilité mentale vous offre la possibilité de changer votre point de vue, influençant volontairement et positivement votre cerveau qui vous replacera dans une émotion plus neutre ou plus positive.

Prenons une situation concrète, agaçante, que vous avez probablement déjà vécue :

Vous êtes dans la file d'attente d'une caisse de magasin. Il y a du monde. Vous êtes plus ou moins pressé et vous patientez déjà depuis cinq bonnes minutes. Vous prenez le temps de regarder quelques secondes un article sur le côté quand tout à coup, vous vous apercevez qu'une personne qui est arrivée par le côté de la file vient de vous passer devant.

Que ressentez-vous ? Que pensez-vous ? Comment allez-vous réagir ?
Le mode automatique va s'orienter sur deux étapes :
- être agacé ou en colère. Ressentir de l'injustice car en plus de prendre votre place, cette personne ne respecte pas les règles, elle n'a pas attendu comme vous ;
- réagir de manière passive-agressive envers la personne, ou simplement agressive, ou ne pas réagir extérieurement en gardant tout intérieurement.

Quelles que soient les options choisies dans ces deux réactions, quelle que soit votre réaction, vous allez traîner ces émotions et cet état d'esprit longtemps après votre passage en caisse. Vous allez même le réalimenter ensuite quand vous allez raconter cette histoire à d'autres personnes. Pire ! Vous allez contaminer les autres en leur racontant cette anecdote dans la démarche inconsciente de faire valider votre colère par eux. Cette action simple « quelqu'un me passe devant » est devenu « votre combat » et vous tentez de recruter des troupes qui se rangeront dans le même état d'esprit que vous.

La méthode : imaginez que votre pensée est une caméra et que vous pouvez la déplacer où vous le souhaitez. Vous êtes également le réalisateur du film qui se déroule et vous pouvez lui donner le thème que vous voulez : comédie, combat, drame, etc. Me concernant, j'aime filmer ma vie comme une comédie et voir la drôlerie des choses.

Dans l'exemple que je viens de prendre, la file d'attente, la première erreur que notre cerveau commet est de faire la supposition que la personne devant s'est insérée dans la file volontairement, avec l'ambition de doubler tout le monde sans faire la queue.

Voyons comment déplacer la caméra :

- Le plan large : la situation est factuelle, quelqu'un de plus est dans la file.

- Le plan moyen : la personne est devant vous.

- Le plan serré : vous êtes toujours en attente, toujours debout, toujours plus proche de la caisse que les personnes qui se trouvent derrière vous.

Objectivement, la présence de cette personne n'a que peu d'impact sur le temps que vous allez passer à la caisse, encore moins d'impact à l'échelle de votre journée, de votre semaine, de votre année et de votre vie entière. Prenez réellement conscience de cela afin de modifier efficacement votre perception de la situation.

Passons à la réalisation du film maintenant. Le mieux est sûrement d'en faire une comédie dont vous serez acteur ou spectateur.

L'acteur

Vous décidez d'être acteur si vous souhaitez avoir une interaction avec cette personne. Souhaitez-vous lui faire prendre conscience qu'elle est devant vous, peut-être même essayer de récupérer votre place, ou souhaitez-vous juste lui faire prendre conscience de la situation mais dans le but de la rassurer et de la laisser à cette place ? Avec le sourire, sans prêter de mauvaises intentions à cette personne. Avec humour ? Avec pédagogie ? Tout cela vous appartient à partir du moment où vous avez repris le mode manuel de votre cerveau.

Pour ma part, je pense que je demanderais à la personne si je peux passer devant elle avec mes articles et, quelle que soit la réponse, je lui dirais que c'est parce qu'en fait, j'étais devant elle quand elle est rentrée dans la file… ainsi que les personnes derrière moi. Je suis persuadé que je lui décrocherais à son tour un sourire…

Le spectateur

C'est aussi un rôle que j'aime avoir. Je sais que la situation n'a aucun impact sur mes journées. Elle est en quantité négligeable sur mon temps donc je peux décider de ne pas agir dans le réel. Mais dans mon esprit, je vais trouver de quoi m'en amuser.

Dans cette situation, je m'amuserais à regarder les articles de cette personne et à l'imaginer s'en servir. Pourquoi a-t-elle acheté ça ? Que va-t-elle faire ? Avec qui ? Quelle est sa vie ? Le temps de répondre à ces questions, de m'en amuser et d'affûter mon esprit de déduction par la même occasion, les quelques minutes qui m'auront été prises par cette personne seront déjà écoulées.

Quand des émotions et des pensées négatives apparaissent à cause du mode automatique du cerveau, reprenez le contrôle et changez votre perception. Une nouvelle humeur et de nouvelles pensées plus neutres et plus objectives prendront naturellement le relais.

UN SÈCHE-LINGE EN PANNE NE FAIT PAS D'EFFORTS

Habiter dans un appartement à Paris, sans balcon, ne facilite pas les choses pour s'occuper de son linge. Mon premier appartement de 25 m² où nous vivions à deux ressemblait plus à une foire aux fripes qui séchaient de part et d'autre qu'à un cocon douillet. J'avais 25 ans, je venais de La Rochelle où pour le même loyer on pouvait avoir une maison et un jardin, j'avais l'impression de régresser.

Ce linge qui pendait partout à longueur de temps me polluait le regard, l'espace vital et l'esprit. Mon plus grand rêve était alors d'avoir un sèche-linge ! Du besoin naît l'envie, dit-on. Cette phrase n'a jamais été aussi vraie qu'à cette époque car je n'aurais jamais pu croire que l'acquisition d'un appareil électroménager puisse me procurer autant de plaisir. Je voue une reconnaissance éternelle à Céline pour ce cadeau d'anniversaire (elle-même avait eu un doute sur mon sérieux lorsque je lui avais avoué que c'était mon cadeau rêvé).

J'ai donc joui de ce bel outil durant des mois et, le cerveau est ainsi fait, j'ai commencé à oublier à quel point c'était exceptionnel d'avoir ce confort supplémentaire.

Jusqu'au jour où il n'a plus fonctionné ! Je me rends bien compte que je vous raconte cela comme une aventure digne d'un film avec la promesse de grandes péripéties... pourtant, ce fut un véritable drame pour moi. Directement ramené à la réalité, je me suis demandé comment je faisais avant. Il fallait trouver une solution.

J'ai commencé par appeler des réparateurs et j'ai cru qu'ils pensaient que je voulais acheter deux nouveaux sèche-linge quand j'ai entendu le prix de leurs interventions. Je me suis donc mis en quête de le réparer moi-même. Le livret fourni avec ne donnait pas beaucoup d'indications sur les pannes possibles et j'ai dû chercher un peu ce qui se disait sur Internet. Rapidement, je suis tombé sur un site répertoriant toutes les notices de tous les appareils ménagers (très pratique) mais aussi sur des forums où des particuliers et des passionnés de bricolage échangeaient. Puis me vint cette question simple : comment fonctionne un sèche-linge à condensateur ? Pourquoi cela fonctionne ? Ma curiosité piquée, je ne pouvais plus ne plus savoir et j'ai vécu une boulimie de recherche sur les sites Internet, si bien que le lendemain, je savais par quelle magie cette grosse boîte grise séchait mon linge. La notice du mien ne m'intéressait plus tellement car une fois que l'on comprend comment fonctionne quelque chose, on peut agir dessus, tester, corriger, rectifier, améliorer ou changer. Le tout en connaissance de cause.

C'est l'échec de sa fonction première, sécher mon linge, qui m'a fait m'intéresser à son fonctionnement, à prendre du recul sur la routine qui était de m'en servir.

Cette anecdote me permet de vous donner **ma définition d'un dysfonctionnement : c'est une occasion de décortiquer une situation pour en comprendre les rouages et avoir le pouvoir de modifier des choses pour tester, améliorer ou changer.**
Si cela est valable pour mon sèche-linge, il est évident que ça l'est pour n'importe quelle situation personnelle ou professionnelle que je peux vivre dans mon quotidien. Lorsque l'appareil s'est arrêté, je ne l'ai pas jugé, je n'ai pas ressenti de honte ou d'amertume, je n'ai pas douté de lui ou de moi. J'ai juste eu à réagir rationnellement comme vous l'auriez fait également. Pourquoi cela est différent quand une situation qui dépend de nous dysfonctionne ? Parce que nous sommes humains, parce que les mots « échec » et « raté » ont été intégrés à nos vies dès l'enfance et qu'on nous a appris à les craindre. L'émotionnel l'emporte sur le rationnel et nous pouvons changer ça.

Votre sèche-linge ne s'arrête pas parce qu'il est nul ou parce qu'il ne fait pas d'efforts…

Une difficulté ou ce qui peut être considéré comme un échec n'est pas nécessairement un problème de volonté. Cela arrive, tout simplement. C'est un processus naturel de l'apprentissage et il y a toujours du positif à en retirer.

LES 10 CACHETTES OÙ SE TROUVE VOTRE BONHEUR

Votre bonheur se cache dans votre cerveau, certes, mais il est mobile et se multiplie. Il est morcelé et possède plusieurs endroits où vous pouvez le trouver. À cette époque où la mode est de se faire enfermer durant une heure dans une pièce pour comprendre des énigmes et sortir (et ne vous méprenez pas, j'adore faire ça également ; par ailleurs j'écris ce livre durant la période de confinement de 2020 et je trouve cet *escape game* particulièrement long...), la vie vous propose de jouer l'escape game le plus stimulant et le plus facile à résoudre.

DANS LE DÉBUT DE VOTRE JOURNÉE

Imaginez que vous souhaitiez composer une mélodie en live, directement devant votre public. Vous saisissez votre instrument mais vous ne l'accordez pas et vous jouez directement. Vous enchaînez malgré vous un nombre considérable de fausses notes et tout en jouant, vous essayez d'accorder l'instrument, passant tant bien que mal de la mélodie aux réglages des notes. En conséquence, vous n'êtes plus à ce que vous faites et le morceau n'exploite pas toute votre créativité, il se joue tant bien que mal. À la fin du morceau, vous vous sentez vidé, exténué par toute l'énergie mentale qu'il a fallu déployer. Vous n'avez jamais vraiment été à ce que vous faisiez et le résultat est loin de vous convenir, ce n'est pas du tout comme vous l'espériez. Il y a une seule raison à cet enchaînement malheureux : vous n'avez pas pris le temps nécessaire pour accorder l'instrument de musique.

Cette histoire est une métaphore de vos journées. Vous êtes l'instrument et trop souvent, vous ne prenez pas le temps de vous accorder au début de votre journée. Le réveil est souvent mis à la dernière seconde, vous grappillez peut-être quelques minutes supplémentaires dans votre lit, puis vous vous levez, sautez dans la douche, avalez un café sur le pouce et partez faire ce que vous avez à faire. Dans le meilleur des cas !

Dans le pire des cas, vous avez pris votre téléphone sitôt vos yeux ouverts pour regarder avec compulsion vos différents réseaux sociaux... avant de vous jeter encore plus rapidement sous votre douche, de peut-être supprimer le petit déjeuner pour vite courir après le temps.

Vous n'êtes alors pas accordé pour résonner correctement avec votre journée ou avec vous-même. Vous allez passer votre journée à essayer de maintenir le rythme tout en essayant de synchroniser votre cerveau. Comme pour le concert fictif, vous terminerez le soir fatigué physiquement et mentalement, épuisé et pas entièrement satisfait de ce que vous aurez accompli.

Il vous faut prendre les bons réflexes matinaux en forçant votre esprit à adopter une nouvelle routine.

Tout d'abord, prévoir un peu de temps au réveil, l'idéal est de prendre 45 minutes à 1 heure pour vous. Cette heure va inclure votre réveil, votre toilette et votre petit déjeuner. Si vous êtes parent, cette heure intervient évidemment avant le réveil des petits habitants de votre maison.

Ensuite, vous n'allez pas toucher à votre téléphone au réveil, sauf pour mettre de la musique. Votre cerveau n'est pas disponible pour recevoir de nouvelles informations, pour les traiter ou les analyser, pour être sollicité et prendre des décisions, etc. Il n'est pas non plus question d'utiliser le mode ralenti de votre esprit pour le remplir passivement du contenu des réseaux sociaux (que ce soit ceux des autres en regardant leurs comptes ou les vôtres en comptabilisant vos likes). Prenez le temps d'apprécier votre réveil, de repenser à vos rêves, de vous étirer.

Vous pouvez alors vous lever et aller faire chauffer votre petit déjeuner (que vous aurez pris soin de préparer en partie la veille). Tout doit être fluide, sans courir. Pendant ces temps de chauffe, vous pouvez aller prendre votre douche et vous habiller.

Vous voilà enfin devant votre petit déjeuner. Si vous êtes seul, c'est le moment où vous avez le droit de mettre vos neurones en action en lisant les informations ou en passant sur vos réseaux sociaux (même si je pense sincèrement que c'est encore trop tôt). Une fois le petit déjeuner terminé, finissez de vous préparer.

Vous êtes potentiellement prêt à entamer votre journée. J'utilise sciemment le terme entamer plutôt que le terme affronter. Les mots ont un sens qui transforme notre pensée ; lorsque vous êtes accordé, vous vivez votre journée plutôt que de la subir.

Pour terminer, évitez les contrariétés pendant cette première heure. Dans mon métier, par exemple, je reçois beaucoup de commentaires sur mes vidéos, mes livres en ligne et mes réseaux sociaux. Il arrive d'en recevoir des négatifs, voire des violents. Ils sont minoritaires, anecdotiques, mais en lire un seul durant mon heure de réveil transformerait assez mon équilibre émotionnel pour faire pencher ma journée du côté négatif. Alors je me préserve et je ne les lis que le soir, quand je suis heureux de ma journée, satisfait de ce que j'ai accompli et que j'ai assez de recul pour ne pas les prendre personnellement.

Prenez soin des premières émotions que vous vivez au réveil, accordez-vous tranquillement avec vos pensées et avec le monde qui vous entoure. Vous préparez un terreau fertile pour une journée heureuse.

DANS LES VRAIS OBJECTIFS

Un succès passe nécessairement par une réussite. Une réussite n'est donc possible qu'avec un objectif. De cet objectif naîtra donc un succès ou un échec. Avant même de comprendre que les échecs ne sont que des fantasmes imaginés par soi ou par le monde qui nous entoure, vous pouvez limiter leurs potentielles apparitions. Comment ? La solution ne va plus vous surprendre : en étant rationnel mentalement.

Il ne s'agit pas d'estimer sa compétence ou sa valeur. Il ne s'agit pas de quantifier son potentiel. Il s'agit… d'arrêter de jouer au casino ! Car c'est à cet endroit précis que j'ai pu comprendre comment les succès fonctionnaient…

Nous sommes en 2001 et l'un des clients de mon restaurant est barman au Casino Barrière de La Rochelle. Il se situe au bord de la mer, sur la plus belle des promenades de ma ville. 8 ans plus tard, je jouerai mon spectacle là-bas à guichets fermés mais pour le moment, je ne sais même pas que je monterai seul sur scène un jour… Ce barman, donc, vient souvent au restaurant et j'ai le cadeau facile sur les digestifs. C'est un bon client, régulier et sympathique. Il m'invite à passer après mon service et il me propose de me rendre la gentillesse au bar du casino. Je termine mon service, fais la caisse, passe au bar mitoyen du mien pour attendre la fermeture de mon ami Bertrand afin qu'il m'accompagne.
Nous retirons tous les deux 100 euros et nous entrons dans le casino avec le bon espoir de jouer, de réaliser des gains et de nous faire offrir des bières. Nous avons réussi deux des trois objectifs… Inutile de vous préciser lesquels.

J'ai joué à la roulette et aux machines à sous et j'ai tout perdu. Brûler ma mise de départ aurait eu le même résultat sur mon compte en banque et m'aurait pris exactement le même temps. En partant, j'étais en colère contre moi de ne pas avoir gagné. Pas d'avoir perdu bêtement mais simplement, je m'en voulais de m'être donné comme objectif de gagner à un jeu de hasard. Dans cette situation, le seul objectif possible était… de m'amuser ! Alors qui est fautif d'avoir remplacé mon plaisir par un objectif qui ne dépendait pas de moi ? Mon cerveau… qui s'évertue à vouloir cacher mon bonheur !

Pas si étonnant que ça en a l'air. Car c'est mentalement que nous nous fixons des objectifs. **Notre réflexion est parasitée par des peurs, des espoirs et des émotions.** Ainsi nous nous fixons des objectifs sur lesquels nous n'avons aucun pouvoir, aucune marge de manœuvre. Comment avoir pour objectif de gagner au casino alors qu'on y joue à des jeux de hasard ?

Je me suis dit cette phrase en passant devant la tour de la Lanterne qui était sur mon chemin. Cette tour, la moins connue de La Rochelle, fut à la fois une prison mais aussi la tour qui désarmait les canons des bateaux entrant dans le port afin de protéger la cité (cette action s'appelait garrotter les canons, qui donnera un premier nom à cette tour « la tour du Garrot »). Je me suis assis sur les marches en réfléchissant car la métaphore du lieu était incroyable : devant la tour de la Lanterne, je sentais que quelque chose m'éclairait et me libérait en même temps.

LES OBJECTIFS NE SONT VIABLES QUE S'ILS DÉPENDENT UNIQUEMENT DE MOI.

Je ne pouvais pas, par exemple, avoir comme objectif que le restaurant double son chiffre d'affaires, car le nombre de clients ne dépendra jamais uniquement de moi. Mais je pouvais avoir comme objectif de rester ouvert 2 heures de plus chaque soir et de le faire savoir (vous savez à quel point il est compliqué de trouver un restaurant d'ouvert après 22 h en semaine).

Je ne pouvais pas avoir comme objectif de savoir parler anglais en 6 mois car je ne maîtrise pas pleinement ma capacité d'apprentissage. Mais je pouvais avoir comme objectif d'apprendre 20 minutes par jour sans discontinuité pendant 1 an.

Votre responsabilité existe uniquement dans ce qui dépend de vous : les moyens mis en œuvre.
La puissance du résultat ne peut pas être le but.

Et pour prendre un exemple immédiat, je ne peux pas avoir comme objectif que ce livre soit un succès auprès du grand public mais je peux avoir comme objectif de l'écrire entièrement et le mieux possible pour qu'il sorte cette année.

C'est ce que j'appelle « être rationnel mentalement ». Vous devez vous poser des objectifs raisonnés qui dépendent uniquement de vous. Lorsque vous croyez rater un objectif alors que cet objectif est composé majoritairement de parts aléatoires, vous êtes dans la même situation que moi voulant gagner de l'argent au casino : vous espérez. On ne rate pas un espoir.

DANS VOTRE AUTO-JUGEMENT

COMMENT VOUS AIMER

L'échec est donc au mieux une croyance, au pire une utilisation malhonnête des données. Lorsque j'analyse pourquoi j'étais toujours débordé dans ma vie personnelle par le passé, je me rends bien compte que je n'avais rien mis en place pour m'organiser au quotidien. Je mettais en cause les circonstances (sur lesquelles je n'ai pas de pouvoir) mais je ne mettais rien en place pour m'organiser (ne serait-ce que de mettre en place un planning de courses et une liste d'achats sur mon réfrigérateur).

Le point commun que j'ai pu analyser chez toutes les personnes qui ont la croyance de l'échec est la dureté avec laquelle elles se jugent. Le seul remède est d'admettre qui vous êtes… et de vous aimer ! Étrange jeu de séduction car apprendre à s'aimer passe par l'étape d'arrêter de se désaimer. C'est très compliqué d'arrêter de

« ne pas s'aimer » quand on le fait depuis toujours ; c'est rassurant d'être dans ce que l'on est, dans ce que l'on croit savoir de soi.

Votre cerveau est rempli de programmations inconscientes, des choses que vous lui avez apprises indirectement. Autrement appelés « la pensée automatique », les schémas de pensée sont une interprétation par votre mental de ce que vous vivez. C'est la petite voix intérieure qui vous parle spontanément lorsque vous vous parlez à vous-même. Ces schémas ne reflètent pas réellement vos sentiments réfléchis mais simplement ce qu'ils croient être vrais, ce qui induit une déformation de la réalité. Ils sont conçus en partie par vous et en partie par votre entourage proche ou éloigné. De toute manière, votre cerveau a décidé que c'était ces schémas qui représentaient la vérité, il n'y a que ça qui importe. Votre tête aime rester dans ce qu'elle pense être la vérité, elle se complaît dans ce qu'elle connaît, ça la rassure.

Imaginons que vous pensiez sérieusement ne pas être à la hauteur, que c'est plus simple pour les autres que pour vous et que, dans le fond, vous n'avez pas les bonnes compétences... Peu importe comment cette pensée s'est construite chez vous, le résultat est que maintenant, elle représente pour vous quelque chose de vrai (consciemment ou inconsciemment). Donc, lorsqu'une situation se passe mal, vous penserez l'avoir mérité. Par manque d'amour... de votre part ! Vous pouvez et vous devez changer ça.

La première étape va être de reconnaître à quel point vous vous jugez, à quel point vous êtes injuste avec vous-même car votre jugement est souvent sévère et chargé de partis pris, occultant tout ce qui est positif. Reconnaissez que vous venez d'être votre pire ennemi, comme si vous aviez un compte à régler avec un « clone » imaginaire.

La deuxième étape va être de vous mettre face à face avec vos réussites permanentes. Car je vous rassure, elles jonchent vos journées. Elles sont partout, petites ou grandes. Vous devez les reconnaître et vous aimer pour ça (entre autres). Vous avez des preuves tangibles de pourquoi vous pouvez être aimé des autres et de pourquoi vous devez vous aimer.

RECONNAÎTRE SON PASSÉ EN CRÉANT UNE C.M.R.

Je n'ai jamais reçu beaucoup de coups dans ma vie, du moins au sens physique du terme. Et pourtant, je me souviens avec précision de chacun d'entre eux, du coup de coude reçu par maladresse jusqu'à une agression que j'ai vécue en 2006. Pourquoi toutes ces douleurs ont activé un enregistrement à long terme ? Parce que mon cerveau – sous prétexte de m'aider – veut se souvenir de ces expériences pour pouvoir mieux les éviter dans le futur. La conséquence, c'est que l'on se souviendra toujours mieux d'une seule gifle que d'une centaine de caresses.

C'est également ce qu'il se passe dans le sentiment que provoque un échec, ou ce que l'on croit être un raté, au détriment des succès. Mais vos succès sont légions, quotidiens, puissants ! Pour le savoir, encore faut-il s'en souvenir. Il y a quelques années, j'ai mis au point un outil très simple : une C.M.R.

C.M.R signifie **Chronologie de mes réussites.** Il s'agit au quotidien de tenir à jour des réussites qui sont significatives pour moi. Certaines sont le résultat d'un gros travail, d'autres vous paraîtraient futiles, mais elles me rendent, toutes, heureux, accompli et parfois fier de moi.

La méthode est très simple, vous dédiez un carnet ou une page de votre Bullet Journal à votre C.M.R. Vous pouvez également dédier une note numérique dans votre téléphone pour y revenir quand bon vous semble et l'avoir toujours sous la main.

À chaque fois qu'un événement marquant est accompli dans votre vie personnelle ou professionnelle, vous devez le noter à l'intérieur de manière synthétique. Le but est de pouvoir ensuite le relire à l'occasion. Chaque ligne activera les souvenirs de cette expérience, fera remonter les sensations et les émotions positives, et vous rappellera d'autant plus que votre croyance d'enchaîner les échecs est infondée.

Catégorisez cette C.M.R. année par année, puis sous-catégorisez-la selon les domaines qui font votre vie.

À titre d'exemple, voici le mien agrémenté de catégories supplémentaires possibles :

2020

VIE PERSONNELLE
SPORT
MUSIQUE
APPRENTISSAGES
ÉCOLOGIE
AUTRE

VIE PROFESSIONNELLE
VIDÉO
ÉDITION
SPECTACLE
AUTRE

N'hésitez pas à être exhaustif, il n'y a pas de catégorie inutile à partir du moment où la réalisation était agréable pour vous.

Vous allez y noter vos réalisations, vos succès, en tenant compte d'une chose :

UN SUCCÈS EST UNE ÉTAPE NOTABLE.
UN SUCCÈS N'EST PAS UN ACCOMPLISSEMENT NÉCESSAIREMENT INCROYABLE.

Pour que vous puissiez mieux appréhender l'outil, voici un extrait de ma catégorie professionnelle de 2016.

2016

Spectacle
Tournée « Vous mentalise »
Vie quotidienne
Papiers triés et classés pour tout le passé
Sport
Une fois par semaine : tenu sur l'année !
Vidéos
Cap des 250 000 abonnés
Conférence « Secret Studio »
Personnel
Mise à niveau accélérée en anglais
Autre
Lancement de *Humour magazine*

En 2016, j'ai donc fait une tournée avec mon spectacle « Fabien Olicard vous mentalise ». Vous remarquerez que je n'ai pas jugé le nombre de spectateurs, le nombre de représentations, la rentabilité de cette tournée, etc. Je l'ai notée simplement parce que mon succès est d'avoir écrit un spectacle et d'avoir réalisé une tournée avec. C'était mon objectif et cette partie ne dépendait que de moi. Le fait que la tournée existe est ma réalisation.

En 2016, j'ai continué ma chaîne YouTube et j'ai passé le cap des 250 000 abonnés. Je ne peux pas maîtriser le nombre d'abonnés mais cette étape très positive ne doit pas être non plus dénigrée. Je l'ai donc notée. Le nombre d'abonnés est un système progressif et ces systèmes ont un piège : vous pouvez ressentir une joie et une fierté en passant un cap… puis l'oublier rapidement en regardant la prochaine étape qui tarde à arriver. Dans le cas présent, ça aurait pu être « je ne suis toujours pas à 400 000 abonnés, la chaîne ne marche pas ». Noter le cap déjà franchi, c'est se souvenir de ce moment comme un cadeau.

En 2016, j'ai fait une conférence de mentalisme pour le projet d'Olivier qui a lancé un site très qualitatif appelé *Secret Studio*.

Faire une conférence de ce style était un exercice complètement nouveau pour moi. Ma réussite n'a pas été d'être sélectionné pour faire cette conférence mais d'avoir réussi à l'écrire et à la faire.

Enfin en 2016, j'ai lancé un magazine gratuit à Paris, *Humour Magazine*. Vous avez lu l'histoire pleine d'enseignements de ce magazine qui pourrait être considérée comme un échec (voir p. 148). Pourtant, j'ai créé ce magazine. Ce simple acte en fait une réalisation réussie.

Utilisez la C.M.R. et aidez votre mémoire à cristalliser vos réalisations.
Chaque année, vous accomplissez de belles choses personnellement et professionnellement. L'oublier est comme le nier. Le noter, c'est le faire exister.

DANS LA COLLECTE DES DONNÉES

Dans le très inspirant livre *Les Quatre Accords toltèques*[14] se trouve cette recommandation : « Ne pas faire de supposition. » En essayant d'aller plus loin que le côté spirituel de ce conseil, on y trouve une véritable considération scientifique ! Notre cerveau passe une grande partie de son temps à envisager des scénarios, à établir des hypothèses, à essayer de vous préparer à tout ce qui peut arriver.

C'est grâce à ce travail de fond, qui se fait souvent sans même en avoir conscience, que l'humanité a pu évoluer, comprendre les saisons, mettre en place l'agriculture, etc. Car en plus de notre perception du futur, nous nous percevons individuellement dans le temps et nous cherchons les chemins possibles.

Mais en bon protecteur qu'il est, notre esprit va aussi envisager les pires hypothèses pour pouvoir s'y préparer. Il faut prendre quelques secondes pour comprendre que je ne fustige pas notre cerveau dans ce livre (sinon je n'aurais pas écrit deux ouvrages lui donnant le qualificatif « d'extraordinaire »), il fait son travail : à savoir nous protéger et nous guider pour notre survie. Dans le monde animal, la peur est l'un des ingrédients de la survie... Mais ce que nous appliquions depuis la naissance de l'homme pour nous pousser vers plus de confort et de sécurité... s'est transformé en signaux de peur pour des choses non vitales.

Les hypothèses qui génèrent de l'angoisse sont souvent établies par manque de données. Cette lacune oblige le cerveau à envisager plus de scénarios, plus de possibles et comme d'habitude, il va se laisser orienter par ses croyances et ses peurs générales.

Bonne nouvelle ! Comme l'ont dit des dizaines de chanteurs de hip-hop : le savoir est une arme. Je ne pensais pas un jour citer le Ministère A.M.E.R, Booba, SCH, Dooz Kawa et Ninho en une seule fois dans un de mes livres ! Pourtant, ils ont raison : pour que vos suppositions soient correctes, il vous faut du savoir, des données. Sans en avoir, vos pensées ne sont que des fantasmes ou des craintes matérialisées sous forme d'un scénario plus ou moins probable.

La meilleure manière d'agir est d'une facilité enfantine : posez des questions ! Interrogez les personnes qui sont impliquées dans votre supposition. Demandez-leur si ce que vous croyez est vrai ou faux. Renseignez-vous et vous passerez de « simple supposition » à « vérité ». Que se passe-t-il si la personne vous ment et ne vous donne pas les bonnes données ? Eh bien, dans ce cas... c'est son problème à elle, pas à vous. Vous n'avez pas pour fonction de douter systématiquement de la réponse que l'on vous donne. Il sera de sa responsabilité si vous n'avez pas la réaction qu'elle aurait souhaitée (dans l'hypothèse rare où elle vous aurait menti).

Nous sommes en 2014. Je suis en pleine tournée de deuxième spectacle. Durant mon show, je fais souvent des improvisations. C'est un spectacle où il n'y a pas de 4e mur, c'est-à-dire que je parle au public directement, sans jouer de rôle, en étant le plus proche possible de mon naturel. Le public d'ailleurs participe au spectacle en interagissant avec moi individuellement ou collectivement, depuis leur place ou sur scène (uniquement pour les personnes qui le souhaitent). Malgré une mise en scène réglée et un texte de spectacle réfléchi et écrit, j'ai une marge d'environ 10 % d'improvisations par soir qui rendent chaque représentation unique. C'est aussi ça qui fait que j'aime tant mon métier.

Un jour où j'arrive un peu tard, j'ai à peine le temps de dire bonsoir à mes techniciens que je suis déjà en train de me changer dans ma loge. Le train a été bloqué quelques heures et je suis arrivé à la dernière seconde. Le public est déjà en salle, nous devons commencer rapidement, pas de temps à perdre.

Je rentre sur scène, me connecte aux gens dans la salle et tout se déroule bien. Un petit pain surgit alors... n'imaginez pas un bout de baguette qui rentre sur la scène ! Il s'agit d'un terme de théâtre signifiant qu'il y a un problème ou une erreur à la technique. Par exemple, les lumières qui changent sans raison, une musique qui n'est pas lancée, le micro qui se coupe, etc. La plupart du temps, le public ne s'en rend pas compte, puisqu'il ne sait pas ce qui est prévu à la base. Mais pour certains pains, il est clair pour tout le monde qu'il vient de se passer un imprévu. Dans ces rares moments, je suis obligé de réagir verbalement dessus, de dire quelque chose et comme la forme de mes spectacles est l'humour, il faut en plus que je trouve quelque chose d'amusant à dire.

C'est donc ce que j'ai fait, en taquinant directement mes techniciens situés à l'autre bout de la salle. Le public rit. Je continue. À la fin de mon spectacle, nous nous retrouvons avec l'équipe en coulisse et je vois Patrice (alias Diablo) peu souriant. Étonnant car il a reçu ce surnom à cause de son énergie débordante. Je connais mes régisseurs depuis longtemps (20 ans pour mon régisseur son, Gary-Jo !) et nous faisons mes spectacles ensemble depuis plus de 10 ans. Je parle un peu avec tout le monde et Patrice me répond à peine. Ma première pensée est alors de me dire qu'il a mal pris ma blague sur scène, que ça l'a vexé. Je commence à culpabiliser, à regretter de lui avoir fait mal. Je me dis aussi qu'il devrait avoir plus de recul, les blagues sur scène font partie du jeu, elles ne représentent pas la vérité, tout le monde le sait et c'est pour ça que le public a ri. Ces différentes pensées commencent à prendre de l'ampleur dans ma tête et je décide de partir tout de suite à la collecte des données auprès de l'intéressé. Patrice m'explique qu'il a eu un petit problème personnel dans la journée. Sans rentrer dans les détails de ce qu'il m'a raconté, ça expliquait complètement son attitude un peu en retrait. Comme j'étais arrivé sur le fil du rasoir, je n'avais pas eu le temps de discuter avec eux, sinon j'aurai vu qu'avant le show, Patrice était déjà dans cet état d'esprit.

C'est en collectant les données auprès de la personne concernée que j'ai tout de suite pu stopper les suppositions non contrôlées qui commençaient à germer dans ma tête.
Et si Patrice avait menti, me direz-vous ? S'il avait dit ça alors que c'était vraiment ma blague sur scène le problème ? Cette nouvelle hypothèse n'existe pas. Si vous êtes coutumier de la remise en question des données n'allant pas dans le sens de votre supposition initiale, alors vous devez en prendre conscience pour arrêter ce processus. Il n'y avait pas à remettre en question ce qu'il m'a dit car, en me le disant, il en fait volontairement ma vérité. Si la réalité est différente alors ce problème lui appartient.

Dans tous les cas vous devez :
- stopper vos suppositions ;
- aller chercher des données à la source ;
- ne pas remettre en cause ces données.

DANS LA CURIOSITÉ

Henry Ford, créateur de la marque automobile du même nom, a dit un jour :

« QUICONQUE ARRÊTE D'APPRENDRE, À VINGT OU QUATRE-VINGTS ANS, DEVIENT VIEUX. CELUI QUI CONTINUE D'APPRENDRE RESTE JEUNE. DANS LA VIE, LE PLUS BEAU EST DE RESTER JEUNE D'ESPRIT. »

Il aurait pu ajouter que c'était une composante du bonheur et de la réussite. Apprendre, comprendre, découvrir sont les bases de la curiosité.

La curiosité nous pousse à vivre de nouvelles expériences qui vont se stocker dans notre mémoire. Notre cerveau et notre sens logique viennent ensuite puiser dans ces expériences pour envisager des choses nouvelles, ce que nous appelons, simplement, des idées. Vous pouvez cultiver facilement votre curiosité en la stimulant.

1. POSEZ VOTRE TÉLÉPHONE

Le téléphone portable est devenu un réflexe anti-ennui. Même ma génération, qui a connu l'avant smartphone et son arrivée dans nos vies, ne sait plus comment elle faisait pour s'occuper quand elle n'avait pas cet écran rétroéclairé sous les yeux. Ces moments que l'on appelle « ennui » ou « attente » sont des terreaux fertiles à votre curiosité. Regardez autour de vous, n'y a-t-il pas quelque chose que vous ne connaissez pas, qui ne vous intéresse pas nécessairement de prime abord mais qui pourrait stimuler votre curiosité ? Ne pouvez-vous pas discuter avec une personne même si vous ne vous voyez pas d'affinité immédiate ?

Essayez de remplacer la prise instinctive du téléphone pour cultiver un réflexe de curiosité.

2. EXPLOREZ CE QUE VOUS N'AIMEZ PAS

Vous pensez sûrement ne pas aimer des choses… que vous ne connaissez pas ! J'ai par exemple longtemps affirmé que je n'aimais pas suivre le sport et que le rugby ne m'intéressait pas du tout. Difficile d'affirmer cela quand on vient de La Rochelle dont le cœur bat en partie au rythme du stade Rochelais ! Par mes différentes activités, on m'a souvent proposé d'aller assister à un match à domicile… et j'ai souvent refusé. Je n'aime pas le rugby, c'est normal. Puis je me suis appliqué le principe de curiosité infinie ! Je n'aimais pas… quelque chose que je ne connaissais pas. C'était complètement illogique. Je ne connaissais pas une seule règle de ce sport, n'avais jamais vu de match, jamais discuté avec un joueur, un supporter ou simplement quelqu'un qui connaît le rugby… Et pourtant, j'avais décidé que je n'aimais pas.

Je suis donc allé voir un match, avec quelqu'un qui aime ce sport et qui connaît les règles. Il a pu m'expliquer les bases pour que j'apprécie le jeu sur le terrain. Et j'ai apprécié pleinement ces

90 minutes ! J'ai aimé l'ambiance dans le stade. J'ai aimé les sensations de vivre un match en live. J'ai apprécié les subtilités du jeu. J'ai vu la grande camaraderie entre les joueurs. C'était passionnant !

Cette expérience me servira certainement dans ma vie, peut-être même m'a-t-elle déjà servi sans que je m'en rende compte. Aujourd'hui, mon jugement a évolué : je n'apprécie pas de suivre l'actualité sportive, je ne suis pas sensible au rugby au point d'aller voir un match toutes les semaines mais j'ai eu la curiosité d'aller voir ce que j'avais cru ne pas aimer.

Explorez régulièrement de nouveaux domaines, des activités ou des styles que vous pensez ne pas aimer.

3. ÉCOUTEZ CE QUE L'ON VOUS DIT

Ce sous-paragraphe pourrait s'arrêter à son titre tellement il est efficace. Lorsque l'on parle avec quelqu'un en face-à-face, ou lorsque l'on écoute une conférence ou un documentaire, nous sommes parasités par… notre mental ! Encore une fois ! Il peut se passer deux choses que vous connaissez bien :

- une idée vous est venue et vous attendez poliment une ouverture pour la dire. Pendant ce temps, vous ne pratiquez plus l'écoute active, trop concentré à retenir ce que vous vouliez dire et à chercher une occasion de vous exprimer ;

- une idée personnelle, que vous ne souhaitez pas forcément partager, vous vient. Et cette idée en entraînant une autre, vous commencez à réfléchir et à vous perdre dans vos pensées en continuant à réagir automatiquement à la conversation en cours. Là encore, vous ne pratiquez plus l'écoute active.

Imaginez toutes ces conversations que vous avez ratées. Combien de fois vous ont été présentés des concepts, des idées, des réflexions et des informations pertinentes qui ont été occultés par votre esprit ? Une solution existe : en avoir conscience.

Dès que vous aurez la sensation consciente de « partir » de la conversation, il ne tient qu'à vous de replacer votre concentration sur ce qui est dit ou sur votre échange.

4. ARRÊTEZ-VOUS RÉGULIÈREMENT

La curiosité ne peut s'exprimer que dans une forme d'oisiveté. Si vous la considérez comme une perte de temps, que votre cerveau et votre corps sont toujours très occupés, alors vous ne pourrez pas laisser s'épanouir ce générateur de nouvelles expériences et de nouvelles données. Sachez faire des pauses dans le rythme effréné de votre vie professionnelle et personnelle pour pouvoir faire preuve de curiosité. Dans ma vie, la curiosité est devenue une tâche, au même niveau que laver ma vaisselle ou rendre un dossier de travail.

Offrez-vous un beau cadeau : du temps pour stimuler votre curiosité.

5. CHOISIR OU RENONCER

En général, l'étiquette qui m'est le plus accolée est celle de mentaliste, pourtant « curieux » serait une meilleure définition. La curiosité est une grande et belle qualité... Je suis capable de m'intéresser à tous les domaines, c'est sûrement ma seule grande fierté. Une fois n'est pas coutume, je n'ai pas de moments de vie liés à un déclic qui me permettraient d'expliquer ce comportement ou comment j'ai conscientisé son intérêt... Je crois que c'est simplement dans mes gènes car d'aussi loin que je puisse remonter dans mes souvenirs, je me vois intéressé par « tout ». Curieux d'apprendre, curieux de comprendre et curieux d'expérimenter.

Y a-t-il un problème à être trop curieux ? Oui... Deux même !

Le premier problème est avant tout un manque de temps. On ne peut pas tout faire en même temps, au même moment.

Mais le vrai problème, c'est que « choisir, c'est renoncer » ! Cette citation attribuée à André Gide explique clairement un moment de ma vie...

Nous sommes en 2006... À cette époque, j'habite à Marsilly, au nord de La Rochelle, dans le même village que mes parents. Et pour cause ! J'ai repris l'ancienne maison de ma sœur, qui vient de faire construire dans le village voisin. J'ai ouvert la société d'anniversaire à domicile qui s'appelle Anni Birthday où je propose des animations et des spectacles pour les particuliers (voir p. 143). En parallèle, je travaille en tant que magicien et en tant que mentaliste pour un public adulte. J'automatise pas mal d'actions de mon entreprise et je me retrouve avec un capital de temps libre assez confortable. Sans y réfléchir vraiment apparaissent trois idées de ce que je pourrais faire de plaisant tout en assouvissant ma curiosité.

Premièrement, écrire un livre à l'usage des mentalistes professionnels. Je me renseigne rapidement sur l'autoédition et le projet est viable. Je liste mentalement les idées que j'aimerais mettre dans ce livre. Tout est assez clair, c'est une bonne idée.

Deuxièmement, écrire un spectacle qui serait unique et interactif, comme une partie de *Cluedo*, mais qui resterait un spectacle d'humour et de mentalisme. Là aussi, je me projette mentalement et un squelette d'écriture se dessine. Tout est assez clair, c'est également une bonne idée.

Troisièmement, faire des vidéos pour les mettre sur Internet... Incroyable, non ? Dailymotion existe depuis un an et je me dis que je pourrais filmer mes tours, les monter et les mettre sur Internet pour promouvoir mon travail et créer quelque chose de nouveau. Je me renseigne sur les logiciels de montage abordables et sur les caméras à bas prix... et j'en achète une !

Je filme un tour de magie (où l'on ne voit que mes mains et des cartes) et je le monte ensuite… si on peut appeler ça « monter ».

J'explore mentalement l'arborescence des possibles de ces trois idées. Toutes attisent ma curiosité et je ne veux pas me tromper dans mon choix. Après tout, il en va de ma responsabilité si je gâche mon précieux temps dans la mauvaise direction ! Choisir, c'est renoncer… mais temporairement.

Après avoir jaugé la situation, je me dis que la seule aventure qui ne dépend que de moi à 100 % est la réalisation des vidéos. Le léger problème, c'est que je ne connais rien au matériel audiovisuel (et rappelez-vous qu'il n'existe pas d'appareil photo numérique faisant de belles vidéos à l'époque, nous sommes en plein dans les caméscopes), je n'ai pas plus de connaissances dans les logiciels de montage, les configurations d'ordinateur nécessaires, aucune idée de comment on met une vidéo en ligne et – essentiel – je n'ai jamais écrit de vidéos, pas plus que je n'ai l'habitude d'être devant une caméra.

Mais pourquoi pas ? Après tout, l'intégralité de mes connaissances actuelles fut précédée d'un moment où je ne savais rien. Je commence donc par me renseigner sur Internet sur les logiciels de montage, les gratuits et les payants, beaucoup vendent du rêve pour le néophyte que je suis… J'ai tendance à oublier que les démonstrations sont faites avec de superbes images et que pour le moment, je n'en ai pas tourné une seule !
Je tourne donc les premières vidéos, les monte et les mets en ligne. Et je constate donc un triple échec : le fond des vidéos n'est pas intéressant, la forme est médiocre et le nombre de vues ressemble à de l'humour douteux. J'ai donc décidé d'arrêter.

Je refais un essai quelques années après, en 2015, pour 3 vidéos, stimulé par l'humoriste Vérino[15] qui venait de lancer sa chaîne YouTube avec succès et qui me conseillait souvent d'en faire autant. Et je constate un statu quo : le fond des vidéos est prometteur mais pas suffisant, la forme est à améliorer dans mon jeu et dans le montage, les vues sont stables. Je décide d'arrêter pour le moment. Début 2016, je lance les vidéos une par jour durant 1 an. À la fin de l'année, je constate une réussite : le fond correspond à ce que je voulais faire, la forme aussi et les vues sont en progression. Je n'ai jamais arrêté depuis.

Et sur les deux autres choix que j'avais au départ ? Je les explore aussi depuis des années, avec curiosité, j'apprends et je constate (sans autre jugement). Je vis cela comme cela doit être : **un processus de découvertes mené avec curiosité, sans autre ambition.**

DANS NE PAS VOULOIR ÊTRE PARTICULIER

Étrange début, n'est-ce pas ? J'espère avoir stimulé au mieux votre curiosité et au pire votre ego, car dans les deux cas, cela signifie que j'ai capté votre attention. La véritable phrase d'amorce aurait dû être : « Ne cherchez pas à être particulier » mais elle aurait provoqué moins d'effets.

Il y a une citation très inspirante que l'on attribue à Oscar Wilde : « Soyez vous-même, tous les autres sont déjà pris. » Cet illustre écrivain irlandais de la fin du XIXe siècle avait déjà saisi l'importance de conserver son caractère unique.

Pourquoi ne faut-il pas chercher à être particulier ? Parce que vous l'êtes déjà, vous êtes unique. Il arrive que l'on me consulte pour mes idées ou simplement pour faire un brainstorming sur une idée existante. Une fois que je déroule ce que j'ai trouvé ou ce que je pense, il n'est pas rare que l'on me rétorque : « Oui, mais ça, ça existe déjà » ou « Telle partie n'est pas originale, ça rappelle ceci ou cela » ou encore « Untel a déjà fait quelque chose du genre ». J'entends ces mêmes remarques quel que soit le domaine, dans l'artistique, l'entreprenariat ou même dans la vie personnelle pour des projets comme une demande en mariage. Ma réponse est toujours la même : « C'est faux. Il n'existe pas la version où TOI tu le fais. »

Tout ce que vous faites et dites sera toujours enrobé de votre caractère unique. Une multitude de variantes de vie, de projets, de rêves, d'accomplissements. Avez-vous déjà mangé un hamburger ? J'imagine que oui... plusieurs fois même... Tous ces hamburgers étaient différents car le chef de cuisine était différent. Pourtant, on trouve ce plat à la carte de quasiment tous les restaurants.

Il faut ensuite faire la différence entre les personnes qui vous inspirent, celles que vous respectez et celle que vous êtes. Mieux ! Il faut faire la différence entre ce que vous aimeriez faire et ce pour quoi vous êtes fait.

Ne faites pas taire vos forces, ne gâchez pas votre potentiel dans une forme d'envie de l'autre.

Prenons mon exemple. Je suis très inspiré par deux personnes : Alexandre Astier et Bernard Werber. J'admire leurs créations, je suis admiratif de leur génie et je suis complètement fan de leurs raisonnements et de leurs manières de penser lorsqu'ils s'expriment publiquement. Pour autant, mon talent n'est pas de raconter des histoires comme Bernard Werber (même si j'adorerais), ma force n'est pas dans la précision des mises en scène comme peut le faire Alexandre Astier. Je ne pourrais jamais être ces personnes, mais leurs forces m'inspirent beaucoup, me donnent envie de m'améliorer là où je suis performant, là où je suis unique et surtout, là où je prends du plaisir.

S'accomplir et reconnaître qui l'on est, c'est aussi tendre à faire ce qui nous rend heureux et non pas ce que l'on croit avoir envie de faire pour des raisons de ressemblance.
Les autres sont déjà eux... Vous êtes qui vous êtes et c'est parfait.

DANS LA JOIE POUR LES AUTRES

L'homme est un mammifère sociable. Tout en nous est physiquement et mentalement conçu pour que nous vivions en groupe, en interaction avec les autres. Comme dans toutes les règles, il y a des exceptions, mais même ceux qui pensent vivre avec peu de contacts extérieurs sont quand même confrontés aux autres, par la télévision, les magazines, les journaux, les livres, la musique, les personnes qu'ils croisent dans la rue, les commerçants, etc.

Dans cette proximité sociale, l'homme est doué d'un défaut unique : la jalousie.

Comme si la nature avait voulu compenser de nous avoir offert la qualité unique de l'apprentissage par l'échec. La jalousie est une émotion complexe, elle réunit la colère, la frustration, la tristesse et le dégoût. En proportion différente selon la situation ou le moment, mais ces quatre sentiments sont toujours présents.

« JE N'ENVIE POINT
LE SORT HEUREUX
DES AUTRES,
PARCE QUE
JE SUIS CONTENT
DU MIEN. »

WILLIAM DE BRITAINE

Petite précision : lorsque je parle de dégoût, cela vous amène à trop de notions différentes. Je parle ici du sentiment de rejet. J'ai choisi le dégoût car c'est une émotion (comme la jalousie, la colère, la tristesse, la frustration). On pourrait confondre avec le mépris mais c'est bien une forme de rejet de l'autre qui entre dans la composition de la jalousie, rejet qui peut nous amener à dénigrer l'autre injustement.

J'exclus également volontairement la « jalousie de possession » dans le groupe. C'est un sujet non pertinent dans ce livre qui n'apporterait rien de spécial. Je parle bien du fait d'envier les autres, que ce soit pour leur situation, pour ce qu'ils font ou pour ce qu'ils ont.

Car s'il est facile pour notre cerveau de nous servir le cocktail dégoût/colère/tristesse/frustration, il lui est plus difficile de trouver les raisons du pourquoi l'autre vit ou possède quelque chose que l'on n'a pas. Il se contente de juger ce qu'il pense être une finalité et de jalouser le fait de ne pas l'avoir. C'est une forme de frustration de ne pas pouvoir libérer l'une des substances endogènes du plaisir que nous avons vue au début.

Car si on voulait jalouser de manière honnête et, j'ose ce mot, déontologique, il faudrait prendre en compte deux choses :

- accepter de vivre et de faire tout ce que l'autre a fait et vécu, dans le bon comme dans le mauvais, pour en arriver là ;

- accepter les conséquences futures que l'autre vivra, sans les connaître encore, qu'elles soient bonnes ou mauvaises.

Réjouissez-vous pour les autres, forcez-vous si nécessaire à vous dire que c'est bien pour l'autre et inspirez-vous de sa situation pour vous motiver. Mais posez-vous la question : est-ce que vous souhaiteriez vraiment être à sa place ? C'est-à-dire vivre toute sa vie, seule condition pour envier honnêtement ce que la personne a ou vit.

Je vais vous raconter une anecdote avec un ami artiste dont je tairai le nom, pour ne surtout pas le mettre mal à l'aise, nous allons l'appeler l'« Ami ».

Nous sommes proches et en cette période, nous sommes lui et moi dans ce qu'on appelle une période de développement artistique. Cela signifie que nous nous produisons sur scène, que nous proposons un spectacle entier déjà joué plusieurs fois mais que nous cherchons à nous améliorer et à nous faire connaître.

Un jour, un autre artiste de notre branche que nous ne connaissons pas, passe dans l'émission de Cyril Hanouna. Son passage se passe plus ou moins bien, il est difficile de pratiquer son art dans ce genre d'émission d'humeur et de réactions. Il est encore plus difficile d'y poser des limites lorsque l'on n'a pas l'habitude de la télévision car d'une part, l'animateur y est tout-puissant, et d'autre part, on y voit une occasion pour enfin faire connaître son spectacle ou simplement sa personne. Mais cet artiste revient plusieurs fois dans l'émission et marque les esprits car certaines séquences avec lui deviennent virales, avec quelques micropolémiques (nourrissant tous les blogs et sites d'informations en besoin permanent de trafic sur leurs pages).

Quelques semaines après, cet artiste est programmé au théâtre du Gymnase à Paris pour une représentation exceptionnelle. Comprenez que pour nous qui étions dans des salles de 49 places, 800 places, cela semblait incroyable (et ça l'est d'ailleurs !).

À partir de ce moment, une longue conversation s'est engagée entre mon Ami et moi. Il ne cachait pas sa jalousie de voir l'artiste au Gymnase, il considérait que son spectacle ne méritait pas une telle mise en avant et encore moins une production aussi forte. Je lui ai demandé s'il voulait être à sa place, sa réponse fut « OUI ! ». Un acquiescement fort et sans équivoque.

Je lui ai alors demandé s'il voulait bien aller faire exactement la même chose qu'était allé faire l'artiste sur la chaîne C8. Sa réponse était « non ». Je lui ai demandé s'il voulait bien jouer un spectacle avec peu de rodage dans une grande salle sous les yeux de la presse. Sa réponse était « non ». Je lui ai encore donné quelques exemples de la vie de l'artiste en lui demandant s'il voulait bien de tout ça. Sa réponse était inlassablement « non ». Je lui ai alors expliqué que c'était pourtant un package. L'artiste en question avait reçu sa belle opportunité parce qu'il avait précisément ce parcours, un parcours ni bon, ni mauvais, c'était juste son parcours et il prenait des directions que mon Ami ne voulait pas. Je le savais et c'est pour ça que je le forçais à envisager la situation dans sa globalité.

Puis, il y a le futur. Que l'on ne voit pas encore. Là encore, mon Ami ne l'aurait pas voulu (et sûrement mal vécu). Le coup de projecteur dont bénéficiait l'artiste s'est abaissé, il a continué sa carrière plus modestement et, en vérifiant aujourd'hui, il joue dans des salles de 100 à 200 places. Mon Ami n'aurait pas supporté d'aller aussi haut aussi vite si c'était pour rétrograder ensuite.

Il aurait été plus simple de se réjouir pour l'artiste, de se dire qu'un jour ce serait lui, mon Ami, qui remplirait une salle de 800 places. Les parcours sont différents, les temporalités aussi. Jalouser une seule pièce du puzzle est impossible car cette pièce n'entrerait jamais dans le vôtre. Et vous ne désirez jamais entièrement le puzzle de l'autre.

N'oubliez pas que tout est lié. Envier une situation ou une possession sans envisager le package qu'elle représente est le pire fantasme que peut vous offrir votre cerveau. Refusez-le fermement et votre bonheur se libérera tout autant.

DANS VOS CONTRE-DÉSIRS

Dans les différents livres ou conférences qui traitent du sujet de la réussite, de l'échec ou du bonheur, j'ai toujours trouvé qu'il manquait un point. Je suis très attaché au réalisme des choses et je ne vous livre que des conclusions que j'ai dû comprendre pour moi, que j'ai expérimentées et que j'ai pu transmettre. C'est peut-être pour cela que certains chapitres peuvent parfois paraître étonnants ou aller contre certains principes connus. Je suis pragmatique, je me laisse inspirer par la science et par l'expérience.

Et c'est justement ce vécu qui me permet d'écrire ce chapitre. Malgré toutes les avancées que je pouvais faire dans ma souplesse mentale, dans mon acceptation de ce que l'on appelle à tort l'échec et dans mes vrais désirs grâce aux mantras, il y a quelque chose qui persistait. Une sorte de goût d'impuissance face à certaines situations récurrentes. Comme des nuages sombres, ces situations revenaient de façon insistante dans ma vie. Pourquoi existaient-elles ? Je ne le savais pas trop.

Après y avoir longuement réfléchi, j'ai conclu qu'une nouvelle fois, mon cerveau faisait un déni de certaines vérités. Des choses, des situations et parfois des personnes étaient à l'antithèse de ce que je désirais atteindre pour moi dans ma sérénité. Elles allaient contre mon bonheur au lieu d'y contribuer. Mais, pour des raisons multiples, je m'en accommodais et je faisais mine que c'était « normal » ou « obligatoire ».

Il n'en est rien ! Pour déconstruire cela, vous devez commencer par faire une liste de ce qui nuit à votre bonheur, à votre ligne de conduite. Écrivez ce que vous ne désirez plus dans votre vie. Cela peut aller du simple : « Je ne veux plus dire "oui" à tout en permanence » à « Je ne veux plus de ces voisins qui m'empêchent de dormir chaque nuit ». Peu m'importe ce que vous mettrez dans votre liste car je sais qu'elle sera sincère pour vous, dans vos ressentis.

Fixez sur le papier tous ces éléments. Prenez plusieurs jours s'il le faut. Le fait de les écrire va les faire exister pleinement pour votre cerveau car ils sont là, noir sur blanc, dans le réel. Il ne peut plus les nier ou s'en accommoder.

Relisez la liste pour voir si tout est important au point de nuire à votre bonheur. Mais faites attention, nous avons un réflexe mental qui consiste à éviter la dissonance cognitive.

La **dissonance cognitive** est provoquée par des pensées ou des actions en contradiction. Par exemple, je souhaite avoir un corps plus sain, j'ai décidé de faire du sport, mais je n'y vais jamais. Le cerveau ne supporte pas que deux systèmes de pensées ou d'attitudes entrent en conflit de logique, cela crée une tension interne qu'il doit évacuer immédiatement. Pour cela il va avoir recours à la justification.

Pour retrouver un équilibre interne, le cerveau va affaiblir l'une des deux cognitions pour qu'elle ne soit plus dissonante en trouvant des justifications plus ou moins valables. Dans mon exemple du sport, votre cerveau va vous souffler « que vous n'avez vraiment pas le temps en ce moment », « que pour le

Les pts faibles de mon bonheur.

(santé, pro, perso)

~~enduit ciment pour cave IKO.~~

Achat pour :

mur cave
sol cave
sol garage
lampe extérieur
aménagement combles.

Vérifier état peinture dans la cave.
Estimer m² mur + sol.
LM2310DEZ jusqu'au 28
Enlever cadre escalier.

moment vous êtes en pleine forme », « que vous faites attention à ce que vous mangez, c'est déjà pas mal », « que vous attendez que quelqu'un vienne avec vous car la personne initiale vous a lâché », etc. Mais la finalité, c'est que vous vouliez aller au sport, vous, et que vous n'y allez pas.

De la même manière lorsque vous allez relire votre liste des choses que vous ne désirez plus dans votre vie, votre cerveau va trouver des bonnes excuses à leur existence actuelle. C'est normal. Ne vous faites pas avoir et faites preuve de recul pour garder dans la liste tout ce qu'il est important de supprimer à terme pour votre bien-être.

Dans son traité de *L'Art de la guerre*, Sun Tzu dit :

« CELUI DONT L'AVANCE EST IRRÉSISTIBLE
FOND SUR LES POINTS FAIBLES DE L'ENNEMI ;
CELUI QUI, LORSQU'IL BAT EN RETRAITE,
NE PEUT ÊTRE POURSUIVI,
SE DÉPLACE SI PROMPTEMENT
QU'IL NE PEUT ÊTRE REJOINT. »

Voici les points faibles de votre bonheur : votre liste. Vous avez identifié les points faibles, maintenant vous devez les supprimer de votre vie, progressivement, un par un. Mais pour que cela soit efficace, vous devez déplacer votre manière de penser de sorte que ces choses que vous ne désirez plus ne réapparaissent pas dans votre vie.

VOUS ALLEZ MENER
UN COMBAT POUR
VOTRE BONHEUR,
LE PLUS BEAU
DES COMBATS.

DANS LA COMMUNICATION BIENVEILLANTE

Si le bonheur est caché dans votre cerveau, le chemin pour le trouver ne doit pas être obstrué par de la colère, de la tristesse ou de la frustration. Ces sentiments naissent aussi lors de nos relations avec les autres.

Pourquoi ? Parce que même si nos intentions sont bonnes, notre manière de communiquer génère souvent des incompréhensions. La bonne nouvelle, c'est qu'il existe une autre manière de parler dont les bénéfices iront à la personne qui s'exprime autant qu'à la personne qui écoute.

La communication non-violente, appelée communément la CNV, a été pensée et mise au point par le psychologue américain Marshall Rosenberg. Le terme « non-violent » fait directement référence à la philosophie de Gandhi. Cela permet de communiquer avec autrui sans nuisances, c'est-à-dire sans lui nuire et par extension sans vous nuire.

Pour être honnête avec vous, la définition exacte de la CNV par son créateur est : « Le langage et les interactions qui renforcent notre aptitude à donner avec bienveillance et à inspirer aux autres le désir d'en faire autant[16]. »

J'ai pu lire mon premier livre sur le sujet au collège, en 5e. Dans un ouvrage que j'ai trouvé par hasard au CDI, où je passais une grande partie de mon temps libre. Je l'ai immédiatement appliqué et j'ai affiné les concepts à mon propre compte. C'est ainsi que j'ai pu voir que, sans rien attendre des autres en retour, la communication non-violente nous protège de nous-même. Elle fonctionne comme une sorte d'auto-empathie qui enveloppe nos émotions spontanées. Moi qui recherche toujours des méthodes faciles à mettre en place et non contraignantes pour être certain de les tenir dans le temps, j'avais trouvé une pépite !

Vous pouvez appliquer la CNV pour communiquer avec les autres mais aussi pour communiquer avec vous-même, pour clarifier mentalement une situation par exemple.

Au-delà d'un état d'esprit, la communication non-violente se fait en quatre étapes précises.

PREMIÈRE ÉTAPE : OBSERVER LES FAITS

Il s'agit d'éviter de faire intervenir un jugement subjectif dans notre communication, et de se contenter plutôt d'observer les faits tels qu'ils sont. Souvenez-vous de l'histoire du vieil homme et de son cheval blanc (voir p. 42). Vous pouvez à partir de là exprimer vos observations en prenant soin de ne pas le faire sous forme de jugement.

Exemple

Jugement : Tu n'as vraiment aucune volonté depuis que tu t'es inscrit au sport.
Observation : Tu n'es pas allé au sport depuis un mois.

DEUXIÈME ÉTAPE : EXPRIMER SES SENTIMENTS

Cette chose que l'on a tendance à ne pas faire. Ne gardez pas vos sentiments pour vous !

Dans ce livre, vous avez appris l'importance de ne pas faire de suppositions inutiles en collectant des données. Mais de votre côté aussi vous pouvez partager des données avec les personnes avec qui vous communiquez. Ainsi, ces dernières vous comprendront mieux.

Attention de ne pas confondre l'expression de ce que vous ressentez avec vos hypothèses et vos suppositions.

Exemple

Hypothèse : Je ressens de l'irrespect quand tu salis la cuisine que je viens de nettoyer.
Sentiment : Je me sens triste (ou en colère ou d'autres émotions).

Pour le psychologue Rosenberg, il y a de fortes chances qu'en utilisant les pronoms « tu » ou « vous » dans cette étape, vous soyez dans l'hypothèse, la supposition ou le jugement probabiliste.

TROISIÈME ÉTAPE : EXPRIMER LES BESOINS.

C'est le moment de laisser s'exprimer l'autre sur ses besoins. Vous devez l'accompagner dans cette démarche, lui demander comment il se sent, ce qu'il ressent, ce qu'il souhaite. Dans toutes vos communications, vous pouvez insérer cette étape et être à l'écoute de la réponse.

QUATRIÈME ÉTAPE : DEMANDER LES ACTIONS QUE L'AUTRE SOUHAITE OU QUE VOUS SOUHAITEZ

Il ne faut pas confondre « demande » et « exigence », même si elles peuvent parfois s'exprimer avec la même phrase, les mêmes mots. Cette étape permet de transformer votre besoin initial par exemple, en une demande concrète qui prend en compte ce que vous avez collecté dans l'étape précédente. Pourquoi votre demande sera prise comme telle ? Parce que vous avez aussi envoyé des données à l'autre personne à la deuxième étape. La demande se fait souvent sous forme de question.

Mais votre demande n'étant pas une exigence, cela veut dire que vous devez être prêt à accueillir un « non » de la part de l'autre personne. Si ce n'est pas le cas, cela veut dire que vous exigiez. À partir du moment où vous restez dans une position empathique lorsque la personne vous formule un refus, alors vous êtes toujours dans la communication non-violente.

Enfin, pour éviter tout quiproquo, vos demandes doivent être positives (exemple : « J'aimerais que tu mettes la vaisselle dans le lave-vaisselle » plutôt que « Je veux que tu arrêtes de mettre la vaisselle dans l'évier »).

Formulez une demande claire explicite, simple et précise. Vous favorisez la finalité positive de votre demande.

DANS L'ÉLÉMENT LE PLUS IMPORTANT DE VOTRE VIE

Nous vivons dans une société assez étrange. Nous prenons de plus en plus en compte l'autre et prenons soin de chérir le respect dû à tous. Nous prônons l'entraide. Nous mettons de l'argent dans des cagnottes. À côté de cela, l'humanité des pays riches dont nous faisons partie est décrite comme égoïste, avec une pseudo-vie sociale basée sur les réseaux sociaux mais manquant de vraies relations.

Comment se situer au milieu de tout ça ? Quelle est la bonne conduite à adopter pour être aligné avec les autres et avec soi-même ? Je crois que la réponse se trouve chez Descartes.

René Descartes était un philosophe français du XVIe siècle, en plus d'être mathématicien et physicien. Il a créé ce que l'on appelle aujourd'hui la philosophie moderne (différente de la philosophie contemporaine). Rationnel, il s'inspire des sciences modernes et de la méthode mathématique pour construire sa pensée. Dans son œuvre *Le discours de la méthode*, Descartes cherche un ancrage sûr pour bâtir la connaissance. Il cherche un axiome irréfutable.

Descartes utilise alors deux méthodes de pensées. L'une active (le doute) et l'autre passive (le mauvais génie).

Pour le doute, il décide de remettre en cause toutes ses opinions, toutes ses connaissances et tout ce qu'il connaît (ou croit connaître) du monde. Il analyse ce qu'il reste : lui. La seule chose qui subsiste au doute, c'est le sujet qui doute. Il écrit :

« DONC, SI JE DOUTE, JE PENSE,
ET SI JE PENSE, JE SUIS. »

Pour le génie, il imagine qu'une puissance extérieure, mauvaise, se joue de lui et trompe ses sens et ses perceptions. Un peu comme lorsque l'on rêve et que l'on croit que tout est réel tant que l'on est dans le rêve. Là encore, la seule chose qui reste vraie dans l'illusion est la pensée de celui qui est illusionné. Il écrit :

« CAR IL EST DE SOI SI ÉVIDENT QUE C'EST MOI
QUI DOUTE, QUI ENTENDS ET QUI DÉSIRE,
QU'IL N'EST PAS ICI BESOIN DE RIEN AJOUTER
POUR L'EXPLIQUER. »

Et c'est ainsi qu'est né ce que l'on appelle le Cogito (pour le latin *cogito ergo sum*) :

« JE PENSE, DONC JE SUIS. »

Une véritable révolution philosophique que ni Kant ni Spinoza, ni même Sartre ne remettra en question.

La seule certitude que vous pouvez avoir du monde est celle que votre pensée existe. Les émotions que vous vivez sont réelles. Votre bonheur aussi. Vous êtes l'élément central de votre existence et vous ne serez jamais sûr de la réalité dans laquelle vous vivez.
Votre cerveau lui-même vous le prouve à chaque illusion d'optique ou auditive que vous percevez.

Partant de ce constat, vous devez considérer que vous êtes responsable de votre pensée. Vous êtes responsable de vous faire passer en premier. Cela ne veut pas dire devenir égoïste et encore moins autocentré. Cela signifie vivre votre vie en pleine conscience, prendre soin de vous avant de chercher l'approbation des autres. Vous serez aimé des uns. Vous serez détesté des autres. Mais ces émotions et ces pensées ne vous appartiennent pas car elles n'émanent pas de vous, pourquoi donc vouloir les changer ou les confirmer à tout prix ? Simplement pour nourrir « l'ego » ou « le sujet » comme l'appelle Descartes.

Mais vous qui lisez ces lignes êtes comme moi : vous voulez juste vivre votre bonheur dans un mental calme, souple et heureux.

PRENEZ SOIN DE VOUS, DE VOS PENSÉES, DE VOS ÉMOTIONS. VOUS ÊTES LA SOLUTION DE VOTRE BONHEUR.
NE VOUS OUBLIEZ PLUS.

LES DERNIERS SECRETS

DOIT-ON LE FAIRE AVEC OU SANS LES AUTRES ?

C'est une vraie question que l'on peut rapidement se poser. Lorsque l'on fait un tel changement dans ses réflexes cérébraux, est-il nécessaire ou futile d'inclure son entourage proche dans cette démarche ?

J'entends par entourage proche les personnes avec qui vous passez le plus clair de votre temps personnel. Que ce soit par amitié, par amour, par les liens familiaux, ou même par obligation (exemple : une colocation).

Les stimuler avec subtilité à entreprendre de petits changements, de petits réglages, va sûrement vous ralentir dans votre propre processus. Car en faisant cela, vous prenez à votre compte une partie de leur charge mentale. Mais il y a un proverbe africain que j'aime beaucoup et qui trouve tout son sens ici :

« TOUT SEUL ON VA PLUS VITE,
ENSEMBLE ON VA PLUS LOIN. »

Vous irez plus loin car vous ne subirez plus par ricochets les émotions négatives des personnes qui vous entourent. Votre empathie vous rend comme une éponge et les sentiments des autres peuvent affecter les vôtres.

Vous irez plus loin car vous allez créer un écosystème de personnes heureuses, qui ne craignent pas l'échec, autour de vous.

Vous irez plus loin car en expliquant des concepts aux autres, vous les comprendrez encore mieux et les renforcerez chez vous. C'est toute la beauté de la transmission du savoir.

Je recommande de le faire par touche, dans des situations concrètes, lorsque la personne a besoin d'aide. Ne le faites pas nécessairement durant un moment de crise car la raison de l'autre est parfois moins accessible, mais juste après, quand tout est retombé et qu'il est disposé à vous écouter. Reparlez du moment, des causes, des conséquences et appliquez les conseils nécessaires sur comment aurait pu être abordé différemment cette situation.

A contrario, je vous déconseille de vous jeter à corps perdu dans une grande « conversion » de votre entourage proche. Lorsque l'on découvre une méthode ou une philosophie qui nous stimule mentalement, on ressent le besoin d'en parler beaucoup. Surtout dans les débuts. Beaucoup... beaucoup trop.

Vous connaissez sûrement quelqu'un qui vous a noyé de paroles concernant les bienfaits du sport alors qu'il avait commencé deux jours avant. Ou quelqu'un qui vous parle de n'importe quelle bonne résolution qu'il tient depuis moins d'une semaine. Est-ce que ces moments ont eu un impact positif ou ont généré un déclic chez vous ? Non.

Vous devez agir par touche, avec parcimonie, lorsque c'est nécessaire uniquement.

Jean-Paul Sartre a écrit :

« L'ENFER, C'EST LES AUTRES[17]. »

Si on garde le fait que vous êtes responsable de votre vie, cette citation se révèle inexacte.

Mais pourquoi au fond y trouvons-nous un sens, une forme de vérité ? Simplement parce que les deux pièges qu'il nous faut surmonter sont : nous-même ET les autres.

Nous pouvons alors écrire : « Le piège le plus inattendu, c'est les autres. »

Si vous améliorez l'air où vous vivez alors tout le monde respirera mieux, si vous améliorez la souplesse mentale des personnes que vous côtoyez alors tout le monde sera plus heureux.

L'ÉCHEC DES ENFANTS

On pourrait naïvement penser qu'en montrant l'exemple, on inspire la prochaine génération. Cependant, dans le rapport à l'échec, fondement du bonheur et de la souplesse mentale, il est de notre devoir d'adulte d'aider les plus jeunes à ne pas se construire cérébralement une fausse perception de la réussite.

Si j'en suis certain, c'est que le plus gros de mon travail personnel dans la gestion de l'échec a été d'oublier tout ce qu'avait généré mon enfance. Douleur des mauvaises notes comme des notes moyennes, comparaison perpétuelle avec les autres qui avaient plus d'amis, plus de facilité dans leur rapport aux autres, sentiment permanent de ne pas être à la hauteur. J'ai accumulé mes premières casseroles émotionnelles très tôt. Si je pouvais changer quelque chose, ce serait d'amener les adultes qui m'entouraient à m'apprendre à gérer mes échecs dès le premier. En protégeant la racine, l'arbre se développe plus sainement…

J'ai donc décidé d'ajouter ce chapitre. Ce n'est pas une méthode dans la méthode, voyez plutôt cela comme un guide pour vous stimuler et vous inspirer.

Imaginons que votre enfant, ou un enfant dont vous êtes proche, vienne vous dire qu'il a complètement raté une interrogation à l'école. Qu'auriez-vous envie de lui dire ? Le punir ? Il semble que les sentiments qu'il ressent en cet instant sont assez punitifs... Le féliciter ? Vous y trouveriez quelque chose d'incongru, n'est-ce pas ? Et si vous discutiez simplement avec lui :

« As-tu fait de ton mieux ? Si oui, c'est la chose la plus importante et tu peux en être fier. »
« Tu n'as pas échoué, tu es en train d'apprendre quelque chose. Ce n'est qu'une étape. Alors, d'après toi, quelles sont les leçons à tirer de cette interrogation ? »
« Cela ne veut pas dire que tu n'es pas intelligent, cela veut dire que tu manques d'expérience dans les mathématiques. Est-ce que tu veux que nous cherchions ensemble comment les comprendre en s'amusant ? »
« Une notation sur un exercice ne définit pas qui tu es. Cela reflète juste la marge d'apprentissage qu'il te reste sur ce sujet. »
« Personne n'a besoin d'être parfait, mais tout le monde doit donner son plus grand potentiel. »

La professeure Carol Dweck[18] explique que si l'on éduque les enfants à changer volontairement leur état d'esprit, nous impactons directement leur intelligence, leur bonheur et la réussite de leur vie.

Effectivement, cela commence dès le plus jeune âge. Voici quelques clés à respecter, que votre enfant ait 4 ans ou 15 ans, pour les aider à devenir confiants, audacieux, intelligents et heureux.

➡ Ne vous moquez jamais des choses qui lui posent un problème. Vous êtes un adulte, vous n'avez plus la vision de la difficulté que représentent les premières connaissances et les premières compétences à acquérir. Ne sous-estimez pas les émotions douloureuses que peuvent vivre les enfants... À 37 ans, je me souviens encore très bien des miennes et je suis certain que vous aussi.

➡ Félicitez-le toujours pour les efforts fournis. Attention à ne pas lui mentir, il le comprendrait et vous n'auriez plus aucun impact. Lorsqu'un petit me donne un dessin, je ne m'exclame pas tout de suite : « Il est très beau, bravo, tu es très fort », si ça n'est objectivement pas le cas et qu'il sait que ce n'est pas exactement ce qu'il voulait faire. Je vais plutôt valoriser ce qui est vrai : « Merci, tu as dû passer beaucoup de temps dessus. Je suis touché que tu te sois appliqué pour m'offrir ce dessin. » Je vous assure qu'il fera la différence entre un compliment de complaisance et la reconnaissance de son effort.

➡ Amenez-le à réussir. Je ne veux pas dire de lui faciliter la tâche mais les objectifs que vous lui fixez doivent être atteignables. Ainsi, s'il ne les atteint pas du premier coup, il les atteindra quand même avec de la répétition associée à de la compréhension. Vous pouvez bien sûr l'aider à prendre la bonne voie (sans lui donner toutes les clés, mais plutôt en l'amenant à les trouver lui-même).

Enfin, en cas de difficulté scolaire, il vous faut de nouveau collecter des données. Ne faites aucune conclusion sans avoir cherché à comprendre tout l'environnement de l'enfant. Ce que l'on appelle communément « échec scolaire » est souvent le fruit d'événements extérieurs :

➡ vérifiez si l'enfant n'a pas de mal à s'intégrer à sa classe. A-t-il des amis ? Combien ?

➡ vérifiez si l'enfant n'a pas l'esprit occupé par un événement récent de sa vie (cela peut être un événement que ses parents ont vécu et dont il se sent affecté par ricochet) ;

➡ vérifiez si l'enfant n'a pas un problème de vue ou d'ouïe ;

➡ vérifiez si l'enfant n'a pas de trouble de la concentration, de dyslexie ou de dyscalculie...

Quoi qu'il arrive, que vous soyez parents ou non, vous pouvez impacter de manière positive la façon de penser des enfants que vous côtoyez. Faites-leur ce cadeau d'emmener dès le début leur cerveau dans la bonne direction.

VOTRE FUTUR EST MAINTENANT

Nous arrivons à la fin de ce livre. Vous avez brillamment reprogrammé un système de pensées qui s'était automatisé au fil de votre existence afin de reprendre le contrôle de votre vie. Votre existence tout entière est le fruit de vos perceptions, de votre cerveau.

Les situations que vous vivez sont neutres si vous décidez qu'elles le sont.

Les événements sont positifs si vous décidez qu'ils le sont.

Vous êtes le grand créateur de votre bonheur, de votre réussite.

Je vous ai beaucoup guidé pour vous aider, comme moi, à trouver votre bonheur mais vous devez comprendre, admettre et aimer la réalité ultime : **votre bonheur n'est pas caché !**

Il est là, à votre portée, prêt à être vécu quand vous le déciderez. Ce qui est terrible dans cette méthode, c'est de voir à quel point c'est notre mental qui essaie de nous empêcher d'y accéder. Non pas qu'il aime ce qui est douloureux, mais parce qu'une telle évolution l'oblige à changer, à remettre en cause ce qu'il croyait savoir, à réagir différemment.

Mais au-dessus du mental, il y a Vous.

C'est vous qui tenez la barre, vous qui avez le pouvoir d'amorcer les virages et de voler au-dessus de votre vie.

Vous êtes le penseur.

Alors inversez le zoom, envisagez votre réflexion avec assez de recul pour juger objectivement ce qui se trouve à l'intérieur de vous comme à l'extérieur. Soyez assez souple mentalement pour accepter de changer à chaque fois que vous avez envie. N'ayez plus peur d'essayer, encore moins de rater. Ne cherchez plus à réussir, soyez un faiseur… Faites… Soyez… Appréciez…

J'aurais pu résumer ce livre en trois mots, c'est maintenant chose faite.

Je vous félicite à distance physique et temporelle, j'espère sincèrement vous avoir aidé.

Fabien

ANNEXES

LES PLUS BEAUX ÉCHECS

Nous jugeons le livre de nos expériences page par page, mot par mot et nous nous laissons affecter par ces sentiments instantanés. Pour autant, nous avons aussi tendance à juger la réussite des autres une fois l'histoire terminée, en occultant systématiquement leurs parcours et leurs essais.

Je ne pouvais donc pas me priver du plaisir de vous livrer quelques magnifiques « échecs »...

Henry Ford

Qui ne connaît pas cette populaire marque de voitures dans le monde ? Son fondateur n'a pas connu un succès rapide, bien au contraire. Il a ruiné ses cinq premières entreprises avant de connaître la réussite mondiale avec Ford Motor Company !

Vera Wang

Sa première vie est celle d'une patineuse artistique… tellement douée qu'elle ira aux jeux Olympiques qu'elle perdra avec le reste de son équipe représentant les États-Unis d'Amérique. C'est à ce moment-là qu'elle décide de se concentrer sur la mode et après avoir été rédactrice pour *Vogue*, elle s'impose elle-même en tant que créatrice et fait partie aujourd'hui des personnes les plus influentes de ce domaine.

Thomas Edison

Inventeur de génie, nous lui devons entre autres l'ampoule électrique. Pourtant, il a confessé avoir mené à bien cette idée après au moins 1 000 essais ratés. La part de son génie tient dans le fait d'avoir persévéré.

Winston Churchill

Prix Nobel, politicien anglais de renommée internationale, il avait un esprit vif et des phrases si marquantes qu'il est encore cité aujourd'hui. Pour autant, il a enchaîné dès son plus jeune âge les échecs scolaires et sa carrière politique n'a été qu'une succession de défaites électorales… Jusqu'à l'âge de 62 ans où il fut enfin nommé Premier ministre du gouvernement anglais.

Marylin Monroe

Icône du cinéma et mannequin internationale, elle n'a malheureusement pas eu une enfance facile. Farouchement décidée à faire du cinéma son métier, ses premières années de travail n'ont été qu'une succession de refus de la part des agents du 7e art. Il lui a même été conseillé d'envisager un poste de secrétaire plutôt que d'actrice.

Stephen King

Vous avez déjà lu un de ses livres d'horreur ou vu l'une de ses adaptations au cinéma ? Il est le maître incontesté du genre... aujourd'hui ! Car son premier roman, *Carrie*, s'est vu refuser par une trentaine de maisons d'édition (qui doivent encore le regretter...). Même Steven Spielberg jeta son manuscrit au placard !

Steven Spielberg

Le fait qu'il soit passé à côté du talent de Stephen King constitue en soi une belle ironie. Car lui-même a été remercié de l'université où il vivait un échec scolaire cuisant, pour ensuite être licencié par trois fois de la télévision ! Voulant se reconvertir en tant que directeur, il reprend alors ses études... qu'il abandonnera en cours de route.

Oprah Winfrey

Difficile de se l'imaginer mais celle qui est à la tête d'une industrie médiatique, qui fait partie de l'élite américaine, qui est classée comme la personnalité afro-américaine la plus riche de notre siècle... a commencé sa carrière de présentatrice télévisée à Baltimore. Cette expérience s'est si mal déroulée qu'elle a été licenciée au bout de quelques émissions sous prétexte qu'elle n'était pas faite pour ce métier...

Michael Jordan

Peut-être le basketteur le plus connu au monde, même auprès de ceux qui ne suivent pas cette discipline. Il a commencé sa carrière en se faisant refuser lors des sélections de l'équipe de son lycée. C'est d'ailleurs lui qui résume le mieux son parcours de meilleur joueur mondial : « J'ai raté plus de 9 000 coups dans ma carrière. J'ai perdu presque 300 matchs. À 26 reprises, on m'a confié les tirs gagnants du jeu et je les ai tous ratés. J'ai échoué maintes et maintes fois dans ma vie. Et c'est pourquoi j'arrive à gagner. »

Walter Disney

Films, produits dérivés, parcs à thème, bateaux de croisières… Aujourd'hui, la marque Walt Disney est un véritable empire. Mais le parcours de son créateur éponyme n'est pas si flamboyant. Après avoir travaillé pour la presse, il fut licencié car on trouvait qu'il n'avait pas assez d'imagination et qu'il manquait de bonnes idées ! Il s'est alors lancé comme entrepreneur et a enchaîné avec plusieurs entreprises qui ont toutes un point commun : avoir duré que peu de temps pour finir en faillite. Jusqu'à la dernière que l'on connaît encore…

Lucille Ball

Actrice, productrice, réalisatrice, elle était pourtant considérée au début de sa carrière comme une actrice de bas étage vouée à tourner éternellement dans des séries B. Le milieu même du cinéma lui refusait toute légitimité. À la fin de sa carrière, elle cumulait 13 nominations aux Emmy Awards dont 4 victoires.

Steve Jobs

On pourrait l'appeler Monsieur Apple tellement son nom est associé à cette marque. Mais saviez-vous qu'il a été licencié de sa propre société ? Imaginez l'émotion qu'il a dû ressentir en 1985 en se faisant éjecter de la compagnie qu'il avait créée. Mais avec le rachat de Next (sa nouvelle société à 45 %) par Apple en 1996, il revient en force dans son ancien chez-lui… jusqu'à redevenir le directeur général en 1997. La suite… vous la connaissez.

J. K. Rowling

Mère par la plume de l'illustre Harry Potter, elle a pourtant vécu des refus en série par les maisons d'édition. Elle entame la rédaction de l'histoire du jeune sorcier à l'un des moments les plus douloureux de sa vie. Elle fait alors le deuil de sa mère, disparue peu avant, et mène sa vie de mère célibataire en subsistant grâce aux allocations. Elle fait ensuite une dépression mais termine l'écriture de *Harry Potter à l'école des sorciers* pour le présenter une nouvelle fois à un agent littéraire. Cette nouvelle fois fut l'ultime fois.

Albert Einstein

Lorsque l'on pense génie, on pense à lui. Quand quelqu'un vous semble intelligent, vous le comparez à lui. Mais il n'a pas toujours connu ce respect mondial qu'on lui voue aujourd'hui. Il est né avec un retard de parole qui a beaucoup inquiété ses parents sur ses facultés mentales. Doutes qui se sont confirmés lorsque, enfant, il eut de grosses difficultés à apprendre à lire et à écrire. Les études se sont poursuivies de manière chaotique avec un renvoi de l'école suivi d'un refus de la part de l'École polytechnique de Zürich. Inutile de vous parler de ses succès… eux, vous les connaissez.

Orville et Wilbur Wright

Ces frères ont un parcours vraiment particulier. Vous les connaissez car ce sont les pionniers de l'aviation. Enfants, ces deux Américains pure souche ont souffert de la maladie. Fascinés par le fait de créer une machine pour voler, ils prennent les casquettes d'ingénieurs, de concepteurs, de commerciaux mais aussi de pilotes le jour où ils passèrent du guidage au sol (un peu à la manière d'un cerf-volant) au guidage depuis la machine. Le nombre de prototypes ratés, mal aboutis ou imparfaits est incalculable. Il faut ajouter à cela que les frères étaient obsédés par le secret de leurs inventions. Comme ils ne montraient rien, les autres les prenaient au mieux pour des fous, au pire pour des menteurs. C'est dans ces échecs à répétition et dans cette ambiance délétère qu'ils connurent enfin la reconnaissance en 1905.

Jeanne Moreau

Légende du cinéma français, elle fut humiliée lors de l'une de ses premières auditions en tant qu'actrice. Elle aime raconter que le directeur de casting lui avait refusé le rôle en trouvant généreux de lui expliquer qu'elle ne devait pas poursuivre dans cette voie puisqu'elle était (selon le directeur) pas assez jolie pour apparaître sur le grand écran. Pour l'anecdote, Jeanne Moreau a tourné dans plus de 100 films au cours de sa carrière.

Stan Smith

Joueur de tennis de renommée internationale, il fut littéralement boudé par ce milieu au début de sa carrière. Manquant visiblement de coordination, sa première inscription à la célèbre Coupe Davis s'est soldée par un refus catégorique au motif qu'il était trop maladroit pour jouer au tennis ! Mais c'est en transformant ses faiblesses en forces, en s'entraînant et en gardant sa passion pour ce sport qu'il a remporté au cours de sa carrière huit fois la Coupe Davis qu'on lui avait refusée, ainsi que l'U.S. Open et le tournoi de Wimbledon !

Ludwig Van Beethoven

Aujourd'hui, tout le monde est capable de fredonner l'une de ses œuvres. Pourtant, le petit Ludwig n'avait pas un destin si lisible dans la pratique de la musique. Il s'est avéré un piètre musicien qui a martyrisé son violon. Il ne se conformait pas au travail des morceaux d'apprentissage et préférait jouer ce qu'il inventait de son côté. Ses professeurs de musique pensaient que c'était un cas désespéré. Cela ne l'a pas empêché de poursuivre et c'est plus tard, alors qu'il venait de perdre le sens de l'audition, qu'il composa ses plus grandes œuvres que nous écoutons encore aujourd'hui.

Louisa May Alcott

Si son nom ne vous dit rien, vous connaissez son œuvre atemporelle : *Les Quatre Filles du docteur March*. Pour autant, cette romancière de plus de 25 œuvres était très pauvre et n'avait pas, au départ, le loisir de prendre beaucoup de son temps et de son énergie pour écrire. Avant de connaître le succès, elle fut même dans l'obligation de devenir servante afin de s'assurer un gîte.

NOTES DE FIN

[1] « Profiles of the Gifted and Talented », *Gifted Child Quarterly*, Betts et Neihart, Vol. 32 (2), p. 248 à 253 (1988).

[2] *The Autonomous Learner Model: Optimizing Ability*, Betts et Kercher, ALPS Publishing (1999).

[3] http://les-tribulations-dun-petit-zebre.com

[4] *Votre temps est infini*, Fabien Olicard, First, 2019.

[5] *Votre temps est infini*, Fabien Olicard, First, 2019.

[6] *Votre temps est infini*, Fabien Olicard, First, 2019.

[7] https://www.arte.tv/fr/videos/085801-003-A/dopamine-3-8/

[8] Fanny travaille avec moi. Elle est à la fois mon troisième hémisphère cérébral, mon bras armé et mon bouclier. Je profite du fait de la citer ici pour lui témoigner mon entière gratitude pour son investissement et sa loyauté.

[9] Loïc est mon réalisateur, depuis son arrivée en 2018, il a profondément amélioré la qualité de mes contenus vidéos. Un grand merci à lui aussi.

[10] *L'Art de la guerre*, Sun Tzu.

[11] Entretien du 5 février 2019 dans l'émission *La tête au carré* sur France Inter.

[12] *La charge mentale des femmes et celle des hommes : mieux détecter pour prévenir le burn-out*, Aurélia Schneider, Larousse, 2018.

[13] https://youtu.be/buN_DI5J0FE

[14] *Les Quatre Accords toltèques - La voie de la liberté personnelle*, Don Miguel Ruiz, Jouvence, 2012.

[15] www.verino.fr

[16] Citation de Marshall B. Rosenberg, le créateur de la CNV

[17] *Huis clos*, Jean-Paul Sartre, 1943.

[18] *Changer d'état d'esprit : une nouvelle psychologie de la réussite*, Carol Dweck, Éditions Mardaga, 2010.